Venecia

ANAYA
TOURING

Autor: **Begoña Pego del Río**
Actualización: **Olalla Aguirre**

Responsable de proyecto: **David Lozano**
Edición: **Olalla Aguirre**
Cartografía: **Lola García**
Producción: **Juan José Rodriguez, Olga Hernando
y Antonio Mellado**
Diseño de la colecccción: **marivies.**

Procedencia de las fotografías:
123rf: Baloncici: 85 b. **Belov, Sergey:** 24-25. **Jeffreys, Peter:** 85 a. **Mixov:** 22. **Nadalin, Franco:** 80. **Pitrs:** 79. **Pixinoo:** 34-35. **Age Stockphoto:** 16-17, 23 b, 32, 52, 54, 55, 56, 60. **Anaya:** Candel, Cristina: 2, 12, 13 a, 17. Leiva, Á. de: 26 a. Martin, Josep: 19, 83 a y b. Ramón Ortega, P.: 9. **Corbis:** 65 a. **Dreamstime.com:** Bolado Fernández, Isabel: cabecera 10 lugares inolvidables. **Prochasson, Frederic:** 8-9. **Sedmak, Jozef:** 30. **Tupungato:** 31. **Vvoevale:** 28. **Grupo Anaya:** 14, 15, 26 b, 39, 41 b, 48 b, 66 a, 97. **IStockphoto:** cubierta superior, 20-21, 23 a, 25, 26 c, 33, 57, 61, 63, 70, cabecera Alrededores, 72, 73, 82, 85 c, 87 b, cabecera Dónde, 95, 99, 104, 107, 109 a y b, 110 a, b, c y d, 112 a y b, 113, 114, cabecera Info. **Pego del Río, Begoña:** 65 b. **Shutterstock:** Adisa: 11. Asandr, Nick N.: 78. ChiccoDodiFC: 108. Circumnavigation: 58. Cnejevici - Florin: 48. Creative Lab: 49. EQRoy: 106. Effective Stock Photos: 27. Fulcanelli: 87 a. Galina, Maykova: 66 b. Jilek, Petr: 10 b. Mapman: cabecera Visita. MariaMaslova: 116. Matar, Giscard: 6-7. Mayovskyy, Andrew: 47. Milosk50: 86. Oleg, Zhukov: 38. Oscity: 41 a. P Paolo Bona: 103. Pisaphotography: 46. Pixinoo: 90-91. Politi Markovina, Stefano: 36-37. Rad Radu: cubierta inferior. Romas Photo: 13 b. Rubino, Marco: 64. Sailorr: 29. Sedmakova, Renata: 53. Staerk, Rolf E.: 44. Stock, Lals: 10 a. Vkilikov: 18. Wjarek: 50. Yasonya: 76-77. Zaccherini, Claudio: 68.

8ª edición, 2024

© Grupo Anaya, S. A., 2024
Valentín Beato, 21. 28037, Madrid
www.guiasdeviajeanaya.es

Depósito legal: M-35.207-2023
ISBN: 978-84-9158-749-1
Impreso en España-Printed in Spain

PAPEL DE FIBRA
CERTIFICADO

La información contenida en esta guía ha sido cuidadosamente comprobada antes de su publicación. No obstante, dada la naturaleza variable de los datos, recomendamos su verificación antes de salir.

Contenido

Presentación

Cómo usar esta guía

Esta **Guiarama** de **Venecia** se divide en cinco secciones que abarcan los aspectos más importantes de su visita a Venecia.

Una mirada a Venecia, páginas 6-19

Venecia según la autora
Perfil de Venecia
La esencia de Venecia
Breve historia de Venecia
Naturaleza y paisaje de Venecia
Personajes famosos

Diez lugares inolvidables, páginas 20-35

La elección del autor de los diez lugares más atractivos, todos con información práctica.

Una y única

Visita a Venecia, páginas 36-89

Se divide Venecia en seis zonas, cada una con una introducción y listado alfabético de los lugares más interesantes.

Información práctica
Breves notas "¿Sabía usted que...?"
Paseos a pie y en barco
Cuadros de temas específicos

Dónde..., páginas 90-117

Información detallada sobre restaurantes, alojamiento, compras, niños y ocio.

Santa Maria Gloriosa dei Frari

Información práctica, páginas 118-125

Toda la información necesaria para el viajero presentada de forma visual.

Mapas y planos

Todas las referencias lo son a los mapas y planos que se encuentran en la sección «Visita a Venecia». Por ejemplo, Plaza San Marcos ⊙ C3, indica las coordenadas (C3) del plano de Venecia de las págs. 42-43.

Precios

El precio aproximado de los establecimientos se indicará mediante los signos:

C caro, **M** moderado y **E** económico.

Clasificación por estrellas

La mayoría de los lugares descritos en el libro se han clasificado por su grado de interés como sigue:

✱✱✱	Visita obligada
✱✱	Muy interesante
✱	Interesante

Símbolos utilizados

A lo largo de la guía se han utilizado símbolos sencillos y claros para indicar las siguientes categorías:

🕓	referencia a los planos del final de la guía
✉	dirección o localización
☎	número de teléfono
◷	horario
🍴	restaurante o café
Ⓜ	estación de metro más cercana
🚌	rutas de autobús o tranvía
🚆	estación de tren más cercana
🌐	página web
ℹ	información turística
♿	personas con discapacidad
🎫	entrada
✚	otros lugares de interés
❗	más información práctica
▶	referencia a la página con información más detallada

Una **mirada** a **Venecia**

Presentación

"Venecia, ahí radica su secreto, es un amplificador. Si uno es feliz, lo será diez veces más; si es infeliz, cien veces más. Todo depende de la disposición interior y de la relación de cada uno con el amor".

Philippe Sollers

Dejarse mecer por el agua es, quizá, lo primero que uno debe hacer en Venecia, una ciudad que fue el centro del mundo y cuya visita exige tiempo y sensibilidad, pues solo de este modo nos contará sus secretos y nos ayudará también a conocernos más a nosotros mismos.

Es difícil hablar de una ciudad sobre la que se han escrito tantas páginas y que ha levantado tantas pasiones; más difícil aún es expresar ese indefinible estado de ánimo al que nos arrastrará el conocimiento pausado de sus maravillas.

Qué se puede decir de un lugar escrito y pintado en el agua, que fue defendido y maltratado por ella; de una ciudad que no puede compararse con ninguna otra.

El Gran Canal, tal vez la calle más bella del mundo, es algo inverosímil, no solo por sus palacios, cuyas fachadas parece que no ocultan nada detrás, como si de un escenario teatral se tratara –y que sin embargo esconden miles de historias–, sino también por el efecto de la luz y las sombras reflejadas en sus aguas.

A pesar de sus dimensiones, Venecia posee un riquísimo legado arquitectónico y pictórico y es uno de los pocos lugares del mundo en los que todavía puede disfrutarse del arte *in situ*. Una casa, una iglesia, un cuadro… acumulan tanta historia que a veces su visita o su contemplación resultan agotadoras.

◄ Góndolas en el embarcadero del Gran Canal.

Por eso es imprescindible perderse, pasear por el laberinto de sus calles y descubrir rincones a los que solo de este modo se puede llegar, un verdadero placer y la mejor forma de conocer los pequeños y grandes secretos que esta ciudad esconde: el jardín descuidado de un palacio al que probablemente no podamos acceder, un brocal de pozo en un *campo,* una enorme *pantegana* (rata) grabada en una columna, la estatua de una Virgen rota en el muro de un jardín, un *cuore in mattone* (corazón en un ladrillo) bajo un oscuro soportal, un inquietante *mascherone* en la fachada de una iglesia... y todas las marcas que el agua de los siglos ha ido dejando en la ciudad.

Solo cuando nos hayamos perdido, cuando hayamos paseado sin rumbo, de día y de noche, por sus calles estrechas, habremos empezado a comprenderla. Solo entonces Venecia nos recibirá y nos mostrará lo que hasta ahora ocultaba: su esencia.

Ante la amenaza por parte de la Unesco de incluir la ciudad en la lista de lugares Patrimonio de la Humanidad en peligro, debido a la brutal afluencia de turistas, Venecia se ha convertido en la primera ciudad del mundo que cobra una entrada de hasta 10 € por entrar en la ciudad. Esta se podrá sacar por internet. También prohibió la entrada de los mayores cruceros a la laguna y al canal de Giudecca.

❚ Símbolos venecianos

El león alado de Venecia, que figura en lo alto de una columna en la Piazza San Marco, es uno de los símbolos de la ciudad, junto con las góndolas, por supuesto.

Venecia en cifras

El Campanile

El Campanile de la Piazza San Marco, el edificio más alto de la ciudad, se desplomó el 14 de julio de 1902 a las 9.47 h de la mañana. Pero en 1912 se terminó de construir otro igual y en el mismo lugar *(com'era e dov'era)*.

Vanguardia y diseño

En la noche del 27 al 28 de julio de 2007 se transportaron las piezas laterales del puente diseñado por Santiago Calatrava, cada una de las cuales mide 15 m y pesa 85 toneladas.

Geografía

Venecia está situada en medio de la laguna del mismo nombre, a 4 km del continente y a 2 km del mar Adriático. La laguna se extiende por una superficie de 550 km^2 y su profundidad media es de 154 cm.

Población

El Ayuntamiento de Venecia está dividido en seis municipios, uno de los cuales es la ciudad de Venecia y las islas de Murano y Burano; ocupa una superficie de 16,9 km^2 y tiene unos 49.990 habitantes.

Canales

El centro histórico está dividido en seis *sestieri* (en singular, *sestiere);* ocupa una superficie de 6,3 km^2; de este a oeste hay unos 5 km y de norte a sur 3 km. Se compone de 124 islas separadas por 178 ríos internos. Hay un total de 437 puentes incluido el puente de Calatrava, instalado en 2007, que suscitó muchas críticas. Existen 50 *rii terà* ("ríos enterrados"), que son calles que antes fueron vías de agua y ahora se hallan pavimentadas.

Monumentos

En el centro histórico hay 148 iglesias, 170 campaniles, 535 *palazzi* (incluyendo edificios de interés cultural), 7.000 chimeneas.

El Gran Canal mide 3.247 m de largo por 62 m de ancho y lo cruzan cuatro puentes (el último, diseñado por el español Santiago Calatrava).

La plaza de San Marcos tiene forma trapezoidal y mide 176 m por 82 m de ancho en el lado de la basílica y 57 m en el otro lado. El Campanile de San Marcos es el edificio más alto de la ciudad, con 100,06 m.

Desde el año 1987, la ciudad de Venecia figura en la lista de Patrimonio Mundial de la Unesco.

La **esencia** de **Venecia**

Al principio, todo era agua...
Cúpulas, campaniles y puentes comenzaron a emerger de las aguas de la laguna y poco a poco se fue haciendo Venecia, hasta llegar a convertirse en una de las ciudades más singulares del mundo. Navegar por sus aguas es la mejor manera de conocerla, y nadie debería privarse de vivir esta experiencia. Desde una góndola, un *traghetto* o incluso en *vaporetto* es posible comprobar que cada movimiento del agua va dejando esas marcas que con el tiempo han definido el carácter veneciano. Pasear por sus calles, algunas laberínticas, otras sin salida y todas misteriosas, nos permite disfrutar de sus magníficos edificios, cuyo estilo llama tanto la atención y le da ese aspecto de ciudad oriental y occidental a un tiempo.

No hay que perderse…

Recorrer el Gran Canal en vaporetto, muy temprano, para disfrutar de la ciudad recién levantada, o por la noche, para contemplar los palacios iluminados.

Tomar un chocolate servido en bandeja de plata en el Caffè Florian, en la Plaza San Marcos (▶22). Es caro pero merece la pena.

Cruzar el puente del Rialto (▶47) para disfrutar de la vista del Gran Canal y visitar el mercado de frutas y verduras y la *Pescheria*.

Pasear por la fondamenta delle Zattere y tomarse un *gianduiotto* en la Gelatería da Nico, cuya terraza está situada en una plataforma sobre el agua, como muchas terrazas de los restaurantes de este paseo.

Subir al Campanile de San Marcos (▶33) o al de San Giorgio Maggiore (▶29). Desde los campaniles las vistas de la ciudad son espléndidas.

Visitar las islas de Murano, Burano y Torcello (▶73-79).

Recorrer la Giudecca de un extremo a otro. Es un paseo muy agradable y una buena forma de alejase durante un rato del jaleo de la ciudad.

Dar un paseo en góndola por los estrechos canales para tener otra perspectiva de la ciudad. Ver las maniobras que tienen que hacer los gondoleros para doblar una esquina es todo un espectáculo.

Tomar un *spritz*, antes de comer, en Campo de Santa Marguerita (en el Caffè Rosso), o al atardecer en las Zattere (en el Chioschetto).

Tomar un *ombra* y *cichetti* en un *bacari* es lo más parecido a ir de vinos y tapas. Es más divertido que sentarse a cenar y además es una buena manera de mezclarse con los venecianos.

Cruzar en *traghetto* el Gran Canal y, si es posible, mantenerse de pie, sin perder el equilibrio, que es como van los venecianos en este medio de transporte.

Evitar pasar entre las columnas de San Marcos y de San Teodoro, en la Piazzetta, porque según los venecianos da mala suerte, pues era el lugar en el que se situaba el patíbulo de las ejecuciones.

▲ Un rincón de la plaza de San Marcos.

◀ Góndolas varadas en un embarcadero.

▼ Vista de la Giudecca.

Breve historia de la ciudad

LATII SENATORII APVD VEN
· Anno 1578 ·   ANNO M D

337 a.C. Primeras noticias de asentamiento en la laguna.

421 El 25 de marzo se funda la ciudad.

697 Se elige el primer dogo, Pauluccio Anafesto.

814 La sede del gobierno se transfiere al Rialto (Rivo Alto). Se acuñan las primeras monedas venecianas y se empieza a construir el Palacio Ducal.

828 Los venecianos roban las reliquias de San Marcos y las trasladan desde Alejandría hasta Venecia.

834 Finalizan las obras de la primera basílica de San Marcos.

982 El 20 de diciembre se funda el monasterio benedictino de San Giorgio Maggiore.

998-1001 Conquista de Dalmacia. Pietro Orseolo II derrota a los piratas dálmatas y para conmemorarlo, se celebra por primera vez la ceremonia del Matrimonio con el Mar.

1094 Se consagra la Basílica de San Marcos.

1096-1099 Venecia suministra barcos a la primera cruzada.

1104 Se funda el Arsenale.

1171 Se fundan los seis *sestieri* en los que se divide la ciudad.

1202-1204 Venecia participa en la cuarta cruzada. Saqueo y conquista de Constantinopla. Parte del botín son los cuatro caballos de bronce que decoran hoy la fachada de la Basílica de San Marcos.

1271-1295 Marco Polo viaja por Extremo Oriente.

1310 Se elige el Consejo de los Diez para vigilar la seguridad del Estado.

1348-1349 La peste negra acaba con la mitad de la población.

1380-1381 Hegemonía en el Adriático y Mediterráneo tras la batalla de Chioggia.

1404-1428 Anexión de Padua, Vicenza, Verona, Belluno, Udine, Brescia y Bérgamo a los dominios de la *Serenissima*.

1450 Apogeo del poder de Venecia.

1453 Fin de los privilegios comerciales cuando Constantinopla es reconquistada por los turcos convirtiéndose en Estambul.

1516 Los judíos son confinados en el gueto.

1571 Venecia vence a los turcos en Lepanto y pierde Chipre.

1669 Se pierde Creta.

1718 Morea cae en manos turcas; esto marca el fin del imperio marítimo veneciano.

1752 Se terminan de construir los muros que protegen las entradas de la laguna.

1755 Casanova es prisionero en el Palacio Ducal.

1790 Abre sus puertas el teatro de La Fenice.

1797 Invasión napoleónica de Venecia; abdicación del último dogo y fin de la República Veneciana.

1814 Tras la derrota de Napoleón, Venecia y el Véneto pasan a Austria.

1846 Primer enlace ferroviario con tierra firme.

1848 Fracasa la rebelión contra los austríacos.

1866 Venecia se anexiona a la Italia unificada.

1895 Se inaugura la primera Biennale

1902 Se desploma el Campanile de San Marcos (reconstruido en 1912).

1932 Primer Festival de Cine.

1960 Se inaugura el aeropuerto Marco Polo.

1988 Se termina la primera etapa de la barrera contra inundaciones.

1983 Oficialmente Venecia deja de hundirse (tras la prohibición de extraer aguas subterráneas).

1988 Empiezan las obras del dique de la laguna.

2004 Se inician las obras del controvertido proyecto MOSE (barreras móviles para evitar las inundaciones).

2007 Se empieza a montar el puente de Calatrava, el cuarto sobre el Gran Canal.

2009 Coincidiendo con la Biennale di Venezia, se inaugura el museo de arte contemporáneo de la Punta della Dogan recuperado por la Fundación François Pinault.

2014 El alcalde de Venecia, G. Orsoni, es acusado de corrupción y obligado a dimitir.

2018 Venecia vive una gran crecida de agua en la que fallecen diez personas.

2019 Sucede la peor inundación desde 1966. Santiago Calatrava paga 78 000 € debido a los grandes errores cometidos en la construcción del puente de Calatrava.

2020 La pandemia devuelve vacía la ciudad siempre abarrotada. Pero el 80 % de la población, que depende del turismo, se resiente.

2021 La Unesco debate incluir la ciudad en la lista negra de patrimonio amenazado.

▲ Ilustración que representa el incendio de Venecia por los turcos en 1577.

Naturaleza y paisaje

▌La laguna

Sobrevolar la laguna es la mejor manera de hacerse una idea clara de cómo es; pero la forma más agradable, sin duda, es recorrerla en barco, aunque no siempre es posible. Es interesante ver todas las islas que se formaron en este lugar situado en el antiguo delta del río Po, en donde la mezcla de las aguas del mar y las del río crearon las condiciones idóneas para alojar aves como el alcaraván, la curruca, el paro bigotudo, el verderón, el chorlito arlequín, la chocha, etc., que viven entre los cañaverales y los *barene* (islotes con vegetación muy abundante).

Los terrenos elevados que se formaron en la laguna al depositarse la arena y la arcilla que arrastraron las mareas y los ríos son los lugares en los que crece la vegetación que alimentará a todas esas aves: lavanda marina, áster, obión, etc.

▲ Vista de San Giorgio Maggiore.

Una visita al mercado es una buena manera de saber qué peces habitan las aguas de la laguna: lubinas, doradas y mújoles entran desde el Adriático; también se pueden encontrar camarones, anguilas, lenguados y gambas grises.

Para disfrutar de la naturaleza en Venecia es importante dedicar un día a visitar algunas islas, y quizá las más adecuadas para conocer el paisaje sean las siguientes: la tranquila y relajante isla de Pellestrina; la isla de San Francesco del Deserto, un lugar en el que, entre otras cosas interesantes, se pueden ver sus famosos pavos reales; Le Vignole, una isla muy verde desde la que se aprecia toda la parte central de la laguna y a la que van los venecianos a pasar el fin de semana; Mazzorbo, a la que se accede cruzando un puente que la une a Burano; y Torcello, un lugar casi deshabitado por el que merece la pena dar un paseo y observar los huertos, a pesar de ser un destino turístico al que llegan los viajeros que desean conocer el verdadero origen de Venecia.

La ciudad

Tal vez resulte extraño hablar de naturaleza en Venecia, una ciudad en la que esos edificios tan espléndidos, los canales, las callejas y los puentes proporcionan la imagen propia de una ciudad en la que parece que no hay lugar para zonas verdes; sin embargo, en los edificios venecianos hay elementos de la naturaleza integrados de tal forma en su peculiar arquitectura urbana que consiguen crear

▲ Gaviotas en los palos de un embarcadero.

espacios que no tienen nada que envidiar a las villas situadas en el campo. Los jardines de Venecia son lugares con una vegetación insospechada en los que además de árboles inmensos y plantas que les dan una apariencia exótica, también viven aves como vencejos, mirlos, golondrinas, gorriones y, por supuesto, palomas. Otros animales que a pesar de todo hay que mencionar al hablar de la ciudad son las ratas de alcantarilla y los gatos.

Existe la posibilidad de hacer distintos recorridos de unas dos horas aproximadamente por la ciudad; (para más información consultar: www.venicewelcome.com).

Personajes famosos

▲ Retrato figurado de Marco Polo.

Marco Polo

Marco Polo pertenecía a una familia de mercaderes venecianos que vivía en el sestiere de Cannaregio, en la Corte del Milion. Está considerado como el primer y más famoso explorador de todos los tiempos que viajó a Oriente y a China. A finales del siglo XIII fue prisionero de los genoveses y en la cárcel narró a un compañero de celda sus aventuras, que las tituló *Il Milione,* o el Libro de Marco Polo. Muchos historiadores dudan de la verosimilitud de sus increíbles hazañas, pues no menciona algunas de las famosas costumbres que hoy conocemos de los países por los que viajaba; pero hay que tener en cuenta que Marco Polo no era ni escritor ni historiador, sino un comerciante, conocido como el introductor del helado y de la pasta en Italia, al que lo que más le interesaba de sus viajes eran los intercambios comerciales.

Verónica Franco

Nació en Venecia en 1546. Su padres, Francesco Franco y Paola Fracassa eran venecianos ricos pero no pertenecían a la aristocracia. Desde pequeña destacó por su inteligencia y brillantez; le apasionaba la música y la lectura y muy pronto empezó a escribir. Se enamoró de un noble de la familia Venier con el que no se pudo casar por no disponer de una dote suficiente y al final tuvo que hacerlo con un médico del que más tarde se separaría. Cuando decidió hacerse cortesana fue precisamente su madre quien se encargó de educarla y convertirla en la mujer más deseada por los hombres y envidiada por las mujeres, especialmente por las esposas de muchos hombres notables que fueron sus protectores. En 1575 publicó sus poesías reunidas en un libro titulado *Terze Rime,* consideradas por algunos demasiado atrevidas. Fue acusada de emplear brujería para atraer a los hombres y obligada a presentarse al tribunal de la Inquisición; en el juicio fue defendida ardientemente por su enamorado Marco Venier y al final quedó libre. En 1580, con la ayuda de algunos patricios venecianos, fundó la Casa del Soccorso, en la que se acogía a las cortesanas que deseaban redimirse y cambiar de vida. Murió en Venecia en 1591.

Casanova

Casanova fue uno de los personajes más apasionantes del siglo XVIII y además de ser un gran amante, supo contar su vida como nadie en sus famosas *Memorias.* Fue encarcelado en Venecia y protagonizó una de las fugas más espectaculares de todos los tiempos, desairando así, una vez más, a los funcionarios de la República, que lo persiguieron y lo capturaron de nuevo, y que, no obstante, más tarde no tuvieron ningún reparo en permitir que trabajase para ellos. En la visita a los "itinerarios secretos" del Palacio Ducal es posible ver la celda de la que se escapó y escuchar todos los detalles de la huída de este gran amante y aventurero que adoraba Venecia.

❚ Canaletto

Giovanni Antonio Canal, Canaletto, nació en Venecia en 1697 en el seno de una familia burguesa. Su padre, también pintor, trabajaba en escenografía de teatro; y es en su taller donde él comienza a trabajar con esos paisajes de ciudades que más tarde serán las escenas de sus cuadros. De 1719 a 1720 vivió en Roma donde se dedicó a crear los decorados de varias óperas. Volvió a Venecia y allí fue donde comenzó a pintar las famosas "vistas" que le hicieron famoso. El sobrenombre de "Canaletto", típicamente veneciano, aparece en su correspondencia de 1726 y a partir de entonces lo utiliza en todos los documentos. Canaletto no inventa el género de la veduta ("vista"), pero lo recrea y supera a muchos otros pintores. No debe confundirse con Bernardo Bellotto, su sobrino, quien también fue conocido como Canaletto. Murió en Venecia en 1768. Curiosamente en Venecia hay muy pocos cuadros de Canaletto y se pueden ver en el palacio Ca' Rezzonico y en la Galería de la Accademia.

❚ Famosos en la isla de San Michele

En el cementerio de Venecia, en la isla de San Michele, se hallan enterrados también personajes ilustres que aunque no venecianos de nacimiento, sí lo fueron de corazón. Entre ellos, Brodsky, Stravisnsky, Dyaguilev, Ezra Pound, Barón Corvo y el entrenador y jugador argentino de fútbol Helenio Herrera.

▼ Vista de la Riva degli Schiavoni desde la dársena, por Canaletto.

Lugares **inolvidables**

10

Plaza de San Marcos

1

Esta plaza, un espacio que no se puede comparar con ningún otro, es el lugar más visitado de Venecia; fue el centro religioso, político y social de la ciudad, escenario de teatro en las fiestas, de juegos y de intrigas.

Info

- C3
- Florian y Quadri
- Vallaresso/San Marco, San Zaccaria
- Escasas
- Basílica de San Marcos, Palacio Ducal, Campanile

Antes de convertirse en la "Piazza", la única así llamada en Venecia, era un *brolo,* es decir, un campo de hierba; un pequeño canal, *il Batario,* lo separaba de la basílica de San Marcos. La arquitectura de la plaza es el resultado de la mezcla de los estilos que se han ido sucediendo a lo largo de los siglos.

Si nos situamos en un extremo de la plaza, mirando hacia la basílica, a la izquierda se halla el edificio de las **Procuratie Vecchie** y a la derecha el de las **Procuratie Nuove,** y ambos están unidos por el Ala Napoleónica, construida por orden de Napoleón en el lugar donde antes estaba la iglesia de San Geminiano, que el emperador mandó destruir. En esta parte está la entrada al **Museo Correr** (▶41). Estos edificios albergaban oficinas y eran también residencia de los procuradores.

La **Piazzetta de San Marcos** era la antigua puerta de acceso a la ciudad. Está delimitada por el bacino de San Marcos, el **Palacio Ducal** (▶45) y la Biblioteca Sansoviniana. En la Piazzetta destacan las dos **columnas** de granito oriental con capitel de estilo véneto-bizantino; una de las columnas soporta el símbolo de la República, el león alado, y la otra a San Teodoro, el primer santo protector de la ciudad. En esta plaza, al lado de la Porta della Carta del Palacio Ducal, se puede ver la conocida escultura situada en un lado de la basílica que representa el abrazo de los Tetrarcas, y también las dos pilastras procedentes de San Juan de Acre. En la parte derecha de la Biblioteca está el **Museo Arqueológico** (▶41).

El **Campanile,** situado enfrente de la **basílica de San Marcos** (▶39), sirvió de faro a los barcos que llegaban a Venecia; los reflejos dorados de su pináculo podían verse a 42 km de distancia. Cada una de sus cinco campanas tenía un nombre y un sonido diferente. El 14 de julio de 1902, a las 9.47 h, se rompió por el centro y se desplomó, provocando tal estruendo que se oyó en toda la laguna. De las cinco campanas, solo una permanece intacta. Los venecianos enseguida comenzaron a construir otro exactamente igual en el mismo lugar, que se inauguró el 25 de abril de 1912. Encima del Campanile hay un ángel de madera revestida de láminas doradas.

▼ Detalle de la Torre del Reloj.

La *logghetta* es la base del Campanile; fue construida por Jacopo Sansovino entre 1537 y 1549, menos la terraza con balaustrada, que es de 1663. Cuando se construyó el Campanile que vemos ahora se revistieron de mármol las fachadas laterales de la *logghetta,* que hasta entonces eran de ladrillo.

La **Torre del Reloj** se inauguró el día 1 de febrero de 1499. En su versión original constaba solo del cuerpo central y las dos estatuas, llamadas por los venecianos *dei mori* por el color negro del bronce. Están provistas de un mecanismo automático realizado por Zuan Paulo y Zuan Carlo Raineri. La torre ha sido restaurada y se puede visitar.

La **Piazzetta dei Leoncini** se abre a un lado de la basílica y en ella se encuentran los dos magníficos leones de mármol rojo de Verona, pero lo más destacado de esta plaza es la *vera da pozzo* que hay en el centro. No se puede hablar de esta plaza sin mencionar a las palomas, que parece que no están dispuestas a abandonar este lugar, y tampoco lo están los vendedores del grano que los turistas compran para dar a las palomas mientras se hacen la inevitable foto en la plaza. Los edificios y las estatuas llevan años sufriendo los daños que provocan estas aves, por eso ahora está prohibido alimentarlas.

▲ La inevitable foto con las palomas.

▼ Vista de la plaza enmarcada por los soportales de las Procuratie.

Palacio Ducal

2

Este magnífico edificio gótico fue, entre otras cosas, residencia de los gobernantes venecianos. El hecho de que no se haya fortificado indica cierta armonía entre los habitantes de la laguna.

Info

- D2
- Piazzetta de San Marcos
- 041 271 5911
- http://palazzoducale. visitmuve.it/
- De 9 h a 19 h. Del 12 de mayo al 30 de septiembre, todos los viernes y sábados abierto hasta las 23.00. La taquilla cierra una hora antes
- https://palazzoducale. visitmuve.it/es/planea-tu-visita/horarios/
- Florian y Quadri
- Vallaresso/San Zaccaria
- 30 €, pero la entrada incluye la visita al Museo Correr, al Museo Arqueológico y a las Salas Monumentales de la Biblioteca Marciana
- Basílica de San Marcos, Plaza de San Marcos, Campanile

En realidad no es un solo edificio, sino varios, que se han ido añadiendo a lo largo de la historia a medida que se iban ampliando sus funciones (ayuntamiento, tribunal y residencia de los dogos).

Al patio interior se accede por la Porta del Frumento. En este patio hay dos *vere da pozzo* de bronce. Desde aquí, por la Scala dei Censori, se sube al primer piso y desde este, por la **Scala d'Oro,** a las dependencias ducales. Se puede visitar la sala del Gran Consejo. Acoge los retratos de los 76 primeros dogos de Venecia, unos de los cuales, Marino Falier, intentó traicionar a la República y por eso está cubierto con un paño negro. La sala del Escrutinio es el lugar en el que se contaban los votos del Gran Consejo. La sala de las Cuatro Puertas dan a los despachos, al Consejo de los Diez, a las reuniones del Senado y al Anticollegio. También se pasa por la sala del Senado, donde

▶ Palacio Ducal, uno de los edificios góticos más bellos de la ciudad.

se aprobaban las leyes preparadas por el Collegio, y la sala del Consejo de los Diez, institución creada después de una conspiración contra el gobierno para controlar al Senado, al Collegio e incluso al dogo. En el segundo piso se halla además la sala de armas.

Durante el recorrido por las salas se pueden admirar obras de Tintoretto, Tiziano, Veronés, Palma el Joven, El Bosco, etc. En la planta baja del palacio se localizan las celdas que se conocen como *pozzi*. Para llegar a esta parte hay que pasar por el famoso **puente de los Suspiros**. El nombre se refiere al suspiro de los prisioneros que pasaban por él para dirigirse a los calabozos al ver por última vez el mundo exterior, pues una vez condenado por los dogos no había vuelta atrás. Situados bajo el techo de plomo del tejado, se esconden los *piombi*, conocidos porque fue la cárcel en la que estuvo preso Casanova y cuya huida del lugar es toda una aventura. Esta parte del palacio se puede ver en una visita guiada llamada *itinerari segreti*. La visita termina bajando por la impresionante Scala dei Giganti y saliendo del palacio por la Porta della Carta.

▲ Puente de los Suspiros.

Basílica de San Marcos

3

Su fama se debe no solo a su historia, sino a los tesoros que contiene. Fue capilla ducal hasta 1807, y desde entonces es la catedral de Venecia.

Info

- 📍 C3
- ✉ Plaza San Marcos
- 🕐 www.basilicasanmarco.it
- 🕐 Debido a la gran afluencia de visitantes el horario es muy cambiante, se recomienda consultar la web
- ⚓ Vallaresso/San Zaccaria
- ♿ Escasas
- 🎫 Basílica: 3 €. Posibilidad de comprar entrada conjunta al Pala de Oro y al Museo - Loggia dei Cavalli: 15 €
- ➕ Palacio Ducal, Plaza de San Marcos, Campanile

▼ Detalles decorativos del interior (mosaico de la Crucifixión) y la fachada (dogo y león alado).

La basílica y sus famosos tesoros nos cuentan la historia y el esplendor de la ciudad; en ella están reflejados todos los momentos importantes de Venecia. Es de estilo bizantino. Tiene planta de cruz griega con una gran cúpula central y cuatro cúpulas más pequeñas en los brazos. Conviven los diferentes elementos de todas la épocas, de Europa y de Bizancio.

En el exterior están dispuestas las columnas de mármol procedentes de diferentes lugares que añaden gran valor a la fachada. Los caballos traídos de Constantinopla son de bronce dorado. Napoleón los envió a París y allí permanecieron hasta 1815. Hoy la amenaza es la contaminación, por eso se han trasladado al Museo de San Marcos. En el mosaico que hay en la fachada, sobre la puerta principal, se representa el traslado del cuerpo de san Marcos a este lugar y en él aparece la iglesia que se construyó en el siglo XIII. En un lado de la fachada se pueden ver los Tetrarcas, grupo escultórico del siglo IV, procedente de Siria o Egipto.

En el interior es donde más se aprecia el estilo bizantino. Llama la atención el pavimento y los espectaculares mosaicos; los del ábside son los más antiguos. Destaca también el presbiterio, elevado sobre la cripta. Detrás del altar mayor se asoma la **Pala de Oro,** muestra de la orfebrería véneto-bizantina. A la izquierda, la capilla de la madonna Nicopeia, cuya Virgen, del siglo XII, protectora de la ciudad, es muy querida por los venecianos. A la derecha está el baptisterio, en el que se puede ver la pila bautismal hexagonal diseñada por Jacopo Sansovino. Por fin se accede a la cripta y al Tesoro, con una gran colección de obras litúrgicas y reliquias.

Las ocasionales inundaciones a causa de la marea alta pueden afectar gravemente el patrimonio de la basílica.

Gran Canal

El recorrido por el Gran Canal, el curso de agua más largo de Venecia, es un espectáculo único. Va desde el Piazzale Roma hasta San Marcos, enfrente de la Punta della Dogana, y divide la ciudad en dos partes.

4

Al principio el Gran Canal era un puerto del que partían y llegaban mercaderes de todas partes. Todo giraba alrededor del floreciente mercado de Rialto. Pero poco a poco esa actividad comercial se trasladó a la zona de San Marcos y el Gran Canal perdió su función original. Cuando se construyó el puente del Rialto, el Gran Canal se convirtió en lugar de residencia de la nobleza, de ahí la presencia de tantos palacios. Con la construcción de otros dos puentes, el de la Accademia y el de los Scalzi, cambió definitivamente la manera de desplazarse por Venecia; ahora se podía hacer a pie. Hoy Venecia tiene un puente más sobre el Gran Canal, el de Calatrava, arquitecto que ha sido demandado y condenado a pagar una gran suma de dinero por sus defectos de diseño y su sobrecoste.

A ambos lados del Gran Canal se pueden admirar los impresionantes edificios, algunas iglesias y los *palazzi*. Desde la estación a Ca' d'Oro se pasa por San Simeone Piccolo; la estación de tren; el puente de los Scalzi; San Geremia; el Fondaco dei Turchi, un antiguo local comercial que ahora es el Museo de Historia Natural; el Palazzo Vendramin-Calergi, actual casino de Venecia; la iglesia de San Stae; Ca' Pesaro, hoy sede del Museo de Arte Oriental y Museo de Arte Moderno; y Ca' d'Oro, en la que se halla la Galería Franchetti.

Desde Ca' d'Oro al puente del Rialto se suceden Ca' da Mosto; las Fabbriche Vecchie e Nuove; el Fondaco dei Tedeschi y el puente del Rialto. Desde el puente del Rialto a San Marcos se asoman el Palazzo Loredan; el Palazzo Farsetti; el Palazzo Pisani-Moretta; Ca' Mocenigo, en el que estuvo alojado Lord Byron mientras escribía su *Don Juan;* el Palazzo Balbi; Ca' Foscari; la iglesia de San Samuele; el Palazzo Grassi, en el que se organizan grandes exposiciones; Ca' Rezzonico, en el que murió Robert Browning y que hoy es museo del siglo XVIII veneciano; el Palazzo Falier y el puente de la Accademia; el Palazzo Barbaro, donde estuvieron invitados Browning, Henry James y Monet y que ha sido elegido para ambientar muchas películas; el Palazzo Venier, que aloja la Colección Peggy Guggenheim; Ca' Dario, el palacio embrujado, el Palazzo Salviati; Palazzo Pisani-Gritti, el famoso y lujoso hotel; el Palazzo Contarini-Fasan; la Salute; el Palazzo Giustiniani; la Punta della Dogana; San Giorgio Maggiore y San Marcos.

Info

🚤 1, 2 (también el 3 y 4 en verano)

▼ Gran Canal, con la iglesia de la Salute, al fondo.

Gallerie dell'Accademia

5

Es la colección de pintura más importante de la ciudad, e ilustra la historia de la pintura veneciana del los siglos XIV-XVIII.

L a Accademia ocupa los edificios de lo que fuera la iglesia de Santa Maria della Carità, la scuola della Carità y el convento de los canónigos de Letrán. Desde el portal de estilo gótico situado a un lado de la iglesia se accede al claustro del monasterio y desde aquí a la *scuola.* El convento fue renovado en el siglo XVI por Palladio y más tarde, en 1630, se destruyó en un incendio, pero los pasillos del primer y segundo piso y la escalera todavía recuerdan a las obras del arquitecto. De la Scuola Grande della Carità se conservan la sala del Capitolio y la sala del Albergo, que conservan frescos del siglo XV, la *Presentación de la Virgen al Templo,* de Tiziano, y un relicario donado a la *scuola* en 1463 por el cardenal Bessarione.

Durante la ocupación napoleónica, la Accademia de los Pintores y Escultores, que estaba situada en el Fonteghetto della Farina, cerca de la plaza de San Marcos, se trasladó aquí; y este es el origen de la colección, a la que se fueron añadiendo obras que se consideran lo mejor de la pintura veneciana: algunas procedentes de conventos e iglesias que habían sido cerrados por Napoleón y otras de donaciones de coleccionistas ricos. Desde 1866 la galería pertenece al Estado.

Info

- D1
- Campo della Carità, Dorsoduro 1050
- 041 522 22 47
- www.gallerieaccademia.it
- L de 8.15 h a 14 h, de Mar a D de 8.15 h a 19.15 h (la taquilla cierra 1 hora antes); La Accademia cierra 1 de ene y 25 de dic
- Accademia, líneas 1 y 2
- Escasas; hay escaleras
- 12 €

▶ Detalle de *La reliquia de la Veracruz es ofrendada a la Scuola Grande de San Giovanni,* de Lazzaro Bastiani.

Entre los pintores expuestos en el museo hay que destacar los siguientes: Giorgione, Tiziano, Veronés, Tintoretto, Guardi, Longui, Gentile y Giovanni Bellini, Lorenzo Lotto, Tiépolo, Mantegna, etc. Destacan obras como *La tempestad,* de Giorgione; la *Leyenda de Santa Úrsula* y la *Presentación de Jesús,* de Carpaccio; *San Juan Bautista,* de Tiziano; *Milagro de la Cruz,* de Gentile Bellini; *Madonna con niño,* de Giovanni Bellini; *Retrato de un hombre joven,* de Lorenzo Lotto, y escenas de la vida veneciana de Pietro Longhi. La Quadreria, en el segundo piso, guarda obras del depósito del museo.

San Giorgio Maggiore

6

Esta isla, situada en la laguna enfrente de la Piazzeta de San Marcos, proporciona un descanso durante la visita a Venecia, por su ritmo más pausado.

Esta "isla de los cipreses", así llamada porque en ella abundan estos árboles, fue cedida en 982 por el dogo Morosini para que se construyera un monasterio benedictino. La isla quedó destruida después de un terremoto y se reconstruyó en 1229. Pero fue a mediados del siglo XV, y hasta el XVII, cuando se produjo

▲ San Giorgo Maggiore.

la gran transformación. Tras la caída de la República pasó a ser puerto franco. En 1951 se hizo cargo de la isla la Fundación Giorgio Cini y recuperó su importancia cultural. Se construyó el **Teatro Verde,** donde se organizan representaciones teatrales y conciertos.

La reconstrucción de la iglesia se inició en 1566. Palladio renovó todo el espacio arquitectónico adecuándolo a las nuevas normas litúrgicas. El cuerpo de la iglesia palladiana se presenta como un amplio espacio rectangular dividido en tres naves con dos ábsides en los extremos y una cúpula en el centro. Dentro se pueden admirar obras de Tintoretto, Girolamo Campagna, Carpaccio, Sebastiano Ricci y Jacopo Bassano.

El **campanile** está rematado por un ángel restaurado, el original está en la iglesia. Merece la pena subir y disfrutar de las impresionantes vistas de Venecia. También se puede disfrutar de un gran laberinto verde formado por 3.250 plantas de 75 centímetros de alto. Su diseñador es el arquitecto británico Randoll Coate, quien fuera amigo de Borges.

Info

- D4
- Campo San Giorgio, Isla San Giorgio Maggiore
- 041 522 7827
- www.cini.it
- Todos los días de 10 h a 17 h
- San Giorgio

Santa Maria Gloriosa dei Frari

7

Esta iglesia franciscana, una de las más importantes de Venecia, alberga obras que hacen que su visita sea imprescindible.

▶ Interior de Santa Maria Gloriosa dei Frari.

La presencia de los franciscanos en la laguna data de los primeros años de la orden, incluso se dice que fue el mismo San Francisco quien fundó el monasterio de San Francesco del Deserto en la isla del mismo nombre. Antes de instalarse en Venecia, los franciscanos se alojaban en iglesias o conventos donde se les daba asilo, hasta que se les cedió una antigua abadía benedictina; al lado, los franciscanos comenzaron a edificar una iglesia en un terreno concedido por el dogo Jacopo Tiépolo. Este edificio se destruyó al construir la segunda iglesia, Santa Maria Gloriosa dei Frari, que se inició en 1250. El adjetivo "gloriosa" se añadió para distinguirla de otra iglesia veneciana más modesta. La actual se comenzó en el siglo XIV y se terminó hacia 1441 y se consagró en 1492.

Su fachada es sobria y sencilla por lo que se refiere a materiales y a decoración. Las paredes son de ladrillo y, solo en la base, de piedra. Tiene a un lado cuatro portales góticos. En el interior, la planta tiene tres naves con columnas cilíndricas. En la contrafachada están las pinturas de Flaminio Florian, *Los Milagros de San Antonio*. En la nave de la derecha se halla el *Monumento a Tiziano*, de Luigi y Pietro Zandomeneghi y el retablo de la *Presentación en el templo,* de Salviati. En la sacristía pueden verse la *Madonna con el Niño* y *los santos Nicolás, Pedro, Benito y Marcos,* de Giovanni Bellini. *La Asunción,* de Tiziano, se ve en el altar mayor y es la obra principal de la iglesia. En la nave izquierda destaca la *Pala Pesaro,* de Tiziano; y hacia la salida se alza el *Monumento a Antonio Canova,* de Luigi Zandomeneghi. También se pueden visitar los claustros, llamados Ca' Granda por sus grandes dimensiones.

Info

🅾 B1
✉ Campo dei Frari, San Polo
☎ 041 272 8611 y 041 272 8618
💻 www.basilicadeifrari.it
🕐 De L-S de 9 h a 18 h; D de 13 h a 18 h La taquilla cierra media hora antes.
🚢 San Tomà
♿ Buenos; algún escalón
💶 5 €
➕ Gallerie dell'Accademia, Scuola Grande di San Roco

Santi Giovanni e Paolo

8

Esta basílica gótica, panteón de los dogos venecianos, se construyó gracias al sueño de uno de ellos, según el cual, unas palomas blancas coronadas con una cruz de oro volaban sobre una iglesia situada en este lugar.

La basílica de los santos Giovanni e Paolo, en veneciano San Zanipolo, contracción de Zan (Giovanni) y Polo (Paolo), forma parte del interesante espacio arquitectónico que se halla en el campo del mismo nombre, junto con la Scuola Grande de San Marco y la estatua del Colleone.

La basílica, mezcla del románico tardío y del gótico, se comenzó a construir en el espacio cedido por Jacopo Tiépolo a los dominicos en 1234 y se terminó en 1417. En la fachada podemos ver los cuatro contrafuertes, un rosetón y las hornacinas que hay a ambos lados de la entrada; en la segunda de ellas, a la izquierda, está la sepultura de Jacopo Tiépolo y su hijo. La planta tiene forma de cruz con tres naves, transepto y cinco capillas.

Es el más importante mausoleo de la República desde el siglo XIV, pues los restos de muchos dogos descansan en esta iglesia. Es impresionante el **monumento funerario** del dogo Pietro Mocenigo, de Pietro Lombardo. Entre las obras pictóricas, hay que destacar el *Políptico de San Vicente Ferrer,* de Giovanni Bellini; la *Limosna de San Antonino,* de Lorenzo Lotto; la *Coronación de la Virgen,* de Cima da Conegliano; y el *Tránsito de San Doménico,* de Giambattista Piazzetta.

Info

- D3
- Campo Santi Giovanni e Paolo, Castello 6363
- 041 523 5913
- www.santigiovanniepaolo.it
- De 9 h a 18 h. Fines de semana de 12 h a 18 h
- Rosa Salva
- Fondamenta Nuove/ Ospedale Civile
- Buenas; una escalinata
- 3,50 €
- Santa Maria dei Miracoli

▼ Santi Giovanni e Paolo al fondo.

Scuola Grande di San Rocco

La *scuola* más grande y espectacular de Venecia; un edificio sorprendente por dentro y por fuera en el que se puede admirar el apasionado gesto del pincel de Tintoretto.

Situada al lado de la iglesia de San Rocco, destaca su espléndida fachada blanca decorada con columnas de piedra de Istria, un claro indicio de que pretendía competir y superar a las demás cofradías, y que invita a entrar a este edificio que alberga un gran número de pinturas de Tintoretto, el gran pintor veneciano.

La cofradía levantó la iglesia para custodiar el cuerpo de San Rocco, copatrón de Venecia, y después comenzó a construir su nueva sede. Tintoretto fue el pintor elegido para decorar esta *scuola*.

En la sala que hay nada más entrar se pueden ver ocho pinturas de Tintoretto en las que se narra la infancia de Jesús y la vida de María. En la parte de arriba, a la que se accede por unas fastuosas escaleras, se halla la espectacular sala con pinturas que reflejan escenas del Antiguo Testamento en el techo y escenas de la vida de Jesús en las paredes. También aquí conviene detenerse en la *Anunciación* de Tiziano y el *Cristo con la cruz* atribuido a Giorgione. En un extremo de este gran salón principal se encuentra la **Sala dell'Albergo,** con el magnífico cuadro de la *Crucifixión* en una de sus paredes y en el techo la tela de *San Rocco in Gloria,* que fue donada por Tintoretto a la cofradía en 1564 y que se convirtió en la base de todo este proyecto decorativo que constituye uno de los grandes tesoros de Venecia.

Info

- C1
- Campo San Rocco, San Polo 3052
- 041 523 4864
- www.scuolagrande sanrocco.org
- De 9.30 h a 17.30 h (la taquilla cierra media hora antes)
- San Tomà
- Escasas
- Iglesia: 2 €. Scuola Grande: 10 €
- Santa Maria Gloriosa dei Frari, Scuola Grande dei Carmini

▶ Fachada de la Scuola Grande di San Rocco.

▼ Lujosa decoración interior de la Scuola Grande di San Rocco.

Santa Maria della Salute

10

Su maravillosa cúpula coronada con la estatua de la Virgen nos da la bienvenida a la entrada del Gran Canal y convierte a esta basílica en una de las imágenes más fascinantes de la ciudad.

Cuando la peste asoló Venecia, el senado se comprometió a levantar una iglesia a la Virgen María si acababa con esta terrible epidemia. Y fuera como fuese, la peste terminó y, en señal de agradecimiento, se erigió esta elegante basílica, que se mantiene todavía gracias al millón de pilotes que la sujetan. Fue Baldassare Longhena el encargado de la construcción de esta magnífica basílica barroca, quien ideó la planta en forma de corona para dar al edificio un carácter más noble. Se comenzó a construir la basílica en 1631, y en 1674, una vez finalizados los elementos escultóricos y arquitectónicos que sirven de decoración, se consagró.

Info

- D2
- Campo della Salute, Dorsoduro, cerca del extremo este del Gran Canal
- basilicasalutevenezia.it
- Salute
- Escasas; varias escalinatas
- Iglesia, gratis; sacristía y pinacoteca, 10 €; cúpula, 8 €.

Del interior de la Salute quizá lo más llamativo sea el impresionante pavimento de mármol por el que pasamos nada más entrar, en cuyo centro están representadas las cinco rosas que son símbolo del sacrificio de Cristo, alrededor de la inscripción *"Unde origo, Inde Salus"*, que se refiere a la salud física y a la espiritual. Se pueden ver obras de Tiziano, como *El Descenso del Espíritu Santo*, también de Luca Giordano, de Pietro Liberi y de Orazzio Vecellio. Es interesante visitar la sacristía donde se exponen varias obras de Tiziano y el genial cuadro de Tintoretto *Las bodas de Canaá* (como curiosidad, el pintor se autorretrató en este cuadro como el primer apóstol de la izquierda); también hay obras de Salviati, Pordenone y Palma el Joven.

El 21 de noviembre, fiesta de la Salute, es un día muy especial para los venecianos; celebran una vistosa procesión por un puente de barcas que se construye para llegar a la basílica desde el otro lado del Gran Canal.

◄ Vista de Santa Maria della Salute al atardecer, la gran basílica barroca de la ciudad.

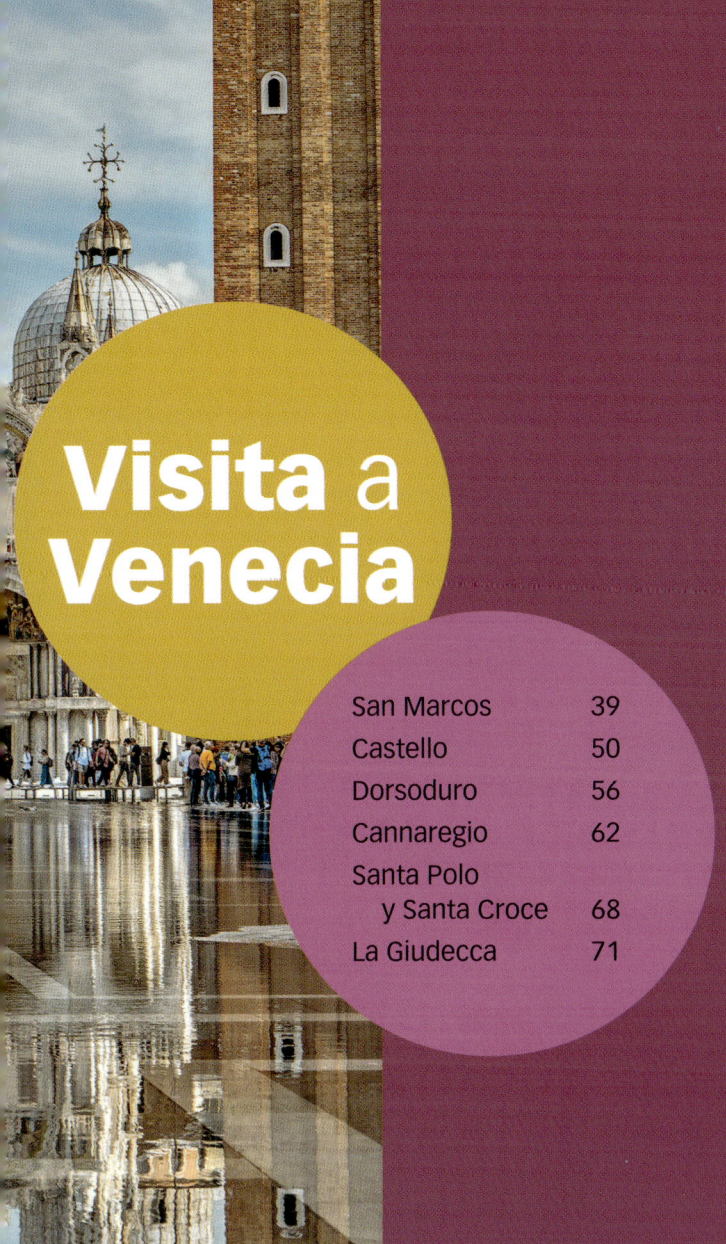

Visita a Venecia

Una y única

El continuo murmullo del agua, la profundidad de sus canales, sus laberínticas calles, el tiempo detenido en sus palacios, todo esto son los tópicos, sin embargo no deja de sorprender a quien la visita por primera vez. Venecia son muchas ciudades y cada una provoca sensaciones diferentes, se mueve a un ritmo diferente y nos traslada a épocas diferentes. Es posible disfrutar una mañana pasando de un salón a otro en el *palazzo* en el que vivió Wagner, imaginando que él está sentado al piano, y ese mismo día, por la tarde, recorrer las solitarias calles del barrio en el que nació y vivió Tintoretto… Y, a pesar de sus contrastes, a Venecia nada le sobra y nada le falta; es una y única.

▌Explorar Venecia

Los seis *sestieri* (barrios) en que está dividida la ciudad son: Cannaregio al norte y Castello al este del Gran Canal; San Marcos, en el centro; al sur y al oeste, Dorsoduro, cruzando el Gran Canal, y envolviendo San Marcos, las áreas más tranquilas –pero más auténticas– de San Polo y Santa Croce. El gran curso de agua veneciano, el Gran Canal, une la mayoría de los *sestieri*, trazando la calle principal más bella del mundo.

▲ Gondolero.

LO QUE HAY QUE VER EN SAN MARCOS

▌BACINO ORSEOLO   ✱
Fue excavado en 1869 para facilitar el estacionamiento de un gran número de góndolas. Este espacio antes estaba ocupado por casas viejas que fueron demolidas; el nombre se debe a uno de esos viejos edificios, el Ospizio Orseolo, fundado por el dogo Pietro Orseolo para acoger a los peregrinos que se dirigían a Tierra Santa y luego a ancianas pobres y solas.

⏱ C3
✉ San Marcos 56-59
🚢 Vallaresso (San Marco)

▌BASÍLICA DE SAN MARCOS (▶26)   ✱✱✱

◀ Puente de Rialto.

▌CAFÉ FLORIAN   ✱✱
En los soportales de las Procuratie Nuove de la Plaza de San Marcos se localiza este maravilloso café del siglo XVIII, que abrió Floriano Francesconi en 1720. Los muebles son de 1858 y entre las obras que destacan están *Las cuatro estaciones,* de Cesare Rota, y *La beldad oriental,* de Giacomo Casa.

    La sala del Senado, la más solicitada, es la que se encuentra a la izquierda de la entrada.

⏱ C3
✉ Plaza San Marcos 57
☎ 041 520 5641
🌐 https://caffeflorian.com
🚢 Vallaresso (San Marco)

▌GRAN CAFÉ QUADRI   ✱
Este es otro de los cafés que merece la pena ver en Venecia. Está en los soportales de las Procuratie Vecchie de la Plaza de San Marcos, y su nombre se debe al primer propietario, Giorgio Quadri da Corfù, que lo abrió a principios del siglo XIX.

⏱ C3
✉ Plaza San Marcos 121
☎ 041 522 2105
🚢 Vallaresso (San Marco)

▌CAMPO DE SANTO STEFANO   ✱
Un amplio espacio muy animado por el que constantemente hay gente que va y viene de la Accademia a San Marcos. En un extremo está situada la **iglesia de Santo Stefano** (▶40). Los restaurantes de la plaza están bastante bien para sentarse a descansar en

⏱ D1
🚢 Accademia

sus animadas terrazas y tomarse una pizza rápida. El café más conocido del campo es el **Paolin** (▶98) que debe su fama a sus riquísimos helados.

❙ CAMPO DE SANT' ANGELO ✱

Gran campo rodeado de bonitos palacios y en el que curiosamente hoy no hay ninguna iglesia, pues la que había fue destruida en 1837; en su lugar hay una inscripción en latín. En el centro de la plaza destacan los dos brocales de pozo de piedra de Istria de finales del siglo xv.

❙ GRAN CANAL (▶27) ✱✱✱

❙ IGLESIA DE SAN MOISÈ ✱

Está situada en el Campo de San Moisè. Destaca su enorme fachada barroca y en su interior el altar mayor es lo más llamativo. Las paredes y los altares situados a los lados están adornados con pinturas de autores del siglo xvii. Sus obras más importantes son *El lavatorio,* de Tintoretto, y *La última cena,* de Palma el Joven.

❙ IGLESIA DE SAN ZULIAN ✱

Esta antiquísima iglesia se cita en documentos del siglo xi pero se fundó en el siglo ix y, como casi todos los edificios en Venecia, vivió incendios, restauraciones, etc. A mediados del siglo xvi fue reconstruida por Jacopo Sansovino. En su interior se pueden ver obras de Palma el Joven y del Veronés.

❙ IGLESIA DE SANTA MARIA DEL GIGLIO ✱

También conocida como Santa Maria Zobenigo, es una iglesia del siglo xvii de bella arquitectura barroca. En su interior se pueden ver obras de Tintoretto, a quien se atribuye la decoración del techo, Palma el Joven, Andrea Schiavone, Gian Maria Morlaiter y otros. La única obra que hay en Venecia de Rubens, *Madonna con el Niño y San Juan,* está en esta iglesia.

❙ IGLESIA DE SANTO STEFANO ✱✱

La construcción de esta iglesia comenzó en el año 1294. Sus tres claustros fueron construidos en diferentes épocas. La forma actual es el resultado de la reconstrucción del antiguo edificio que se hizo en el siglo xv. En su interior, cuyo techo tiene forma de quilla invertida, hay obras de Bartolomeo Vivarini, Boifacio da' Pitati, Alessandro Vittoria, Tintoretto, Nicolò Bambini, Gaspare Diziani, Pietro Lombardo, Tulio Lombardo y Antonio Canova. En las vistas panorámicas de Venecia, el campanile del siglo xvi de

◄ Iglesia de San Moisè.

⌚ C3
✉ Plaza San Marcos, Ala
Napoleónica, Escalinata
monumental
☎ 041 240 5211
🖥 www.visitmuve.it
⌚ Todos los días de 10 h
a 18 h (taquilla cierra
a las 17 h). Aperturas
nocturnas especiales,
consultar en la web
⚓ Vallaresso (San Marco)
🎫 30 € (25 € para quien lo
compre en línea)

Santo Stefano se reconoce fácilmente porque está
bastante inclinado.

I MUSEOS DE LA PLAZA DE SAN MARCOS ★★★
La visita incluye el Museo Correr, el Museo Arqueo-
lógico y las salas monumentales de la Biblioteca
Marciana.

El **Museo Cívico Correr** está situado en el Ala
Napoleónica y las Procuratie Nuove. En él se exponen cuadros y objetos relacionados con la historia
de la ciudad. El museo se abrió en 1836 con la colección cedida por Teodoro Correr, rico veneciano del
siglo XVIII, a la que se añadieron otras donaciones.
La exposición se distribuye en ocho secciones: en
el primer piso, la galería canoviana, la historia veneciana, las armerías Correr y Morosini, una colección
de bronces; artes y oficios y una sala de juegos
privados. En el segundo piso, la pinacoteca, las salas
de arte medieval y renacentista, y las mayólicas. Se
pueden ver obras de los familia Bellini, miniaturas,
trajes, calzado, libros y algunos restos del Bucintoro,
la galera ceremonial de los dogos.

El **Museo Arqueológico,** también situado en la
parte de las Procuratie Nuove, nació con la colección del siglo XVI de Domenico Grimani, Giovanni, su
sobrino, y Federico Contarini, que en 1596 abrieron
el Estatuario Público. Guarda obras egipcias, asirio-

▼ Médico en los tiempos de
la Peste Negra. Ilustración
del Museo Correr.

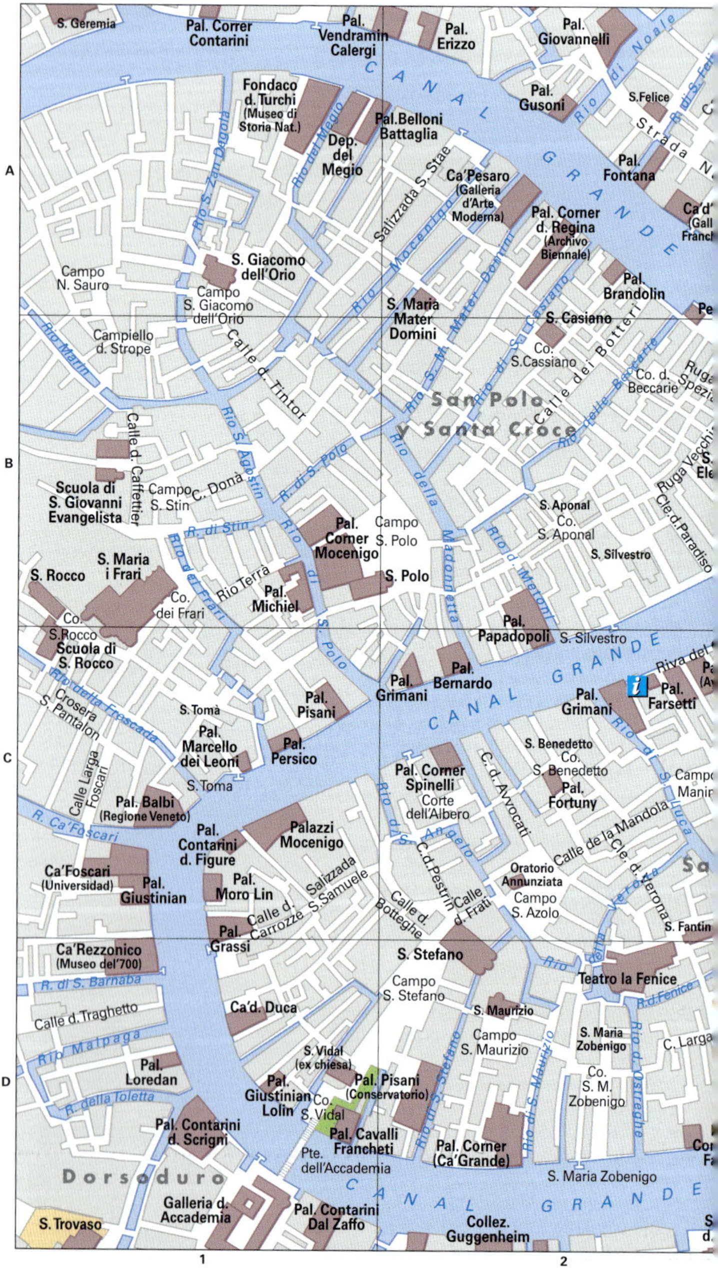

S. Geremia
Pal. Correr Contarini
Pal. Vendramin Calergi
Pal. Erizzo
Pal. Giovannelli

Fondaco d. Turchi (Museo di Storia Nat.)
Pal. Belloni Battaglia
Pal. Gusoni
S. Felice

Dep. del Megio
Ca'Pesaro (Galleria d'Arte Moderna)
Pal. Fontana
Strada N

A

Pal. Corner d. Regina (Archivio Biennale)
Ca'd' (Gall Franch

Campo N. Sauro
S. Giacomo dell'Orio
Pal. Brandolin
Pe

Campo S. Giacomo dell'Orio
S. Maria Mater Domini
S. Casiano

Campiello d. Strope
Co. S.Cassiano
Co. d. Beccarie
Ruga Spezi

San Polo y Santa Croce

B

Scuola di S. Giovanni Evangelista
Campo S. Stin
C. Donà
S. Aponal
Ruga Vecch S. Ele
C. de' d. Paradiso

S. Rocco
S. Maria i Frari
Pal. Corner Mocenigo
Campo S. Polo
Co. S. Aponal
S. Silvestro

Co. dei Frari
Rio Terrà
Pal. Michiel
S. Polo

S. Rocco
Scuola di S. Rocco
Pal. Papadopoli
S. Silvestro

C

Crosera S. Pantalon
Calle Larga Foscari
S. Tomà
Pal. Pisani
Pal. Bernardo
Pal. Grimani
Pal. Grimani
Riva del
Pal. Farsetti
Pal. (Av

Pal. Marcello dei Leoni
Pal. Persico
S. Tomà
S. Benedetto
Co. S. Benedetto
Campo Manin

Pal. Balbi (Regione Veneto)
Palazzi Mocenigo
Pal. Corner Spinelli
Corte dell'Albero
Pal. Fortuny

Pal. Contarini d. Figure
Calle de la Mandola
Ca'de d. Verona

Ca'Foscari (Universidad)
Pal. Giustinian
Pal. Moro Lin
Oratorio Annunziata
Campo S. Azolo
S. Fantin

Ca'Rezzonico (Museo del'700)
Pal. Grassi
S. Stefano
Campo S. Stefano
Teatro la Fenice

D

Pal. Loredan
Ca'd. Duca
S. Maurizio
S. Maria Zobenigo
C. Larga

S. Vidal (ex chiesa)
Campo S. Maurizio
Co. S. M. Zobenigo

Pal. Contarini d. Scrigni
Pal. Giustinian Lolin
Pal. Pisani (Conservatorio)
S. Vidal

Pal. Cavalli Francheti
Pal. Corner (Ca'Grande)
Con Fa

S. Trovaso
Galleria d. Accademia
Pte. dell'Accademia
S. Maria Zobenigo

Dorsoduro
Pal. Contarini Dal Zaffo
Collez. Guggenheim

CANAL GRANDE

1   2

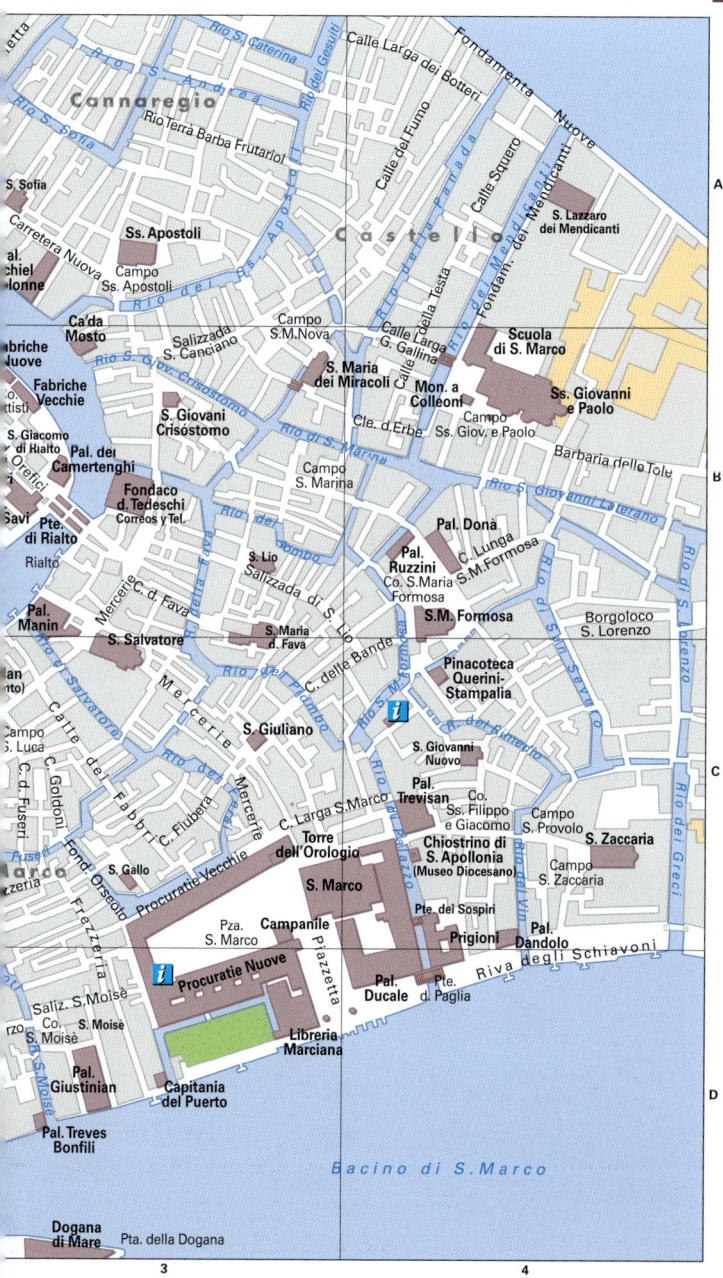

babilónicas, esculturas, relieves, retratos romanos y griegos de los siglos V a. C.-III d. C.; también hay monedas, bronces, cerámicas griegas e itálicas de los siglos XI y III a. C.

Las salas monumentales de la **Biblioteca Nacional Marciana,** a las que también se pueden acceder desde el Museo Correr, están situadas en la **Biblioteca de San Marcos,** la parte que da a la *Piazzetta*.

I MUSEO FORTUNY (PALACIO)　　　✱

Está instalado en el Palazzo Pesaro degli Orfei, del siglo XV, uno de los edificios más representativos del gótico veneciano y que forma parte de los elegantes palacios de Venecia que no se asoman al Gran Canal. Perteneció al artista español Mariano Fortuny y Madrazo, hijo del pintor Fortuny, en el siglo XIX, que diseñó lámparas y telas. Su mujer, Henriette, donó el palacio y las obras a la ciudad de Venecia en 1956

- 🕐 C2
- ✉ San Marco 3958
- 🌐 www.visitmuve.it
- 🕐 Todos los días, de 10 h a 18 h (taquilla cierra a las 17 h). Cierra martes.
- 🚤 Sant'Angelo
- 🎟 10 €

I PALACIO DUCAL (▶24)　　　✱✱✱

I PALAZZO CONTARINI DEL BOVOLO　　✱

En este palacio de estilo gótico tardío es precioso el contraste del color que se consigue con el ladrillo y la piedra blanca de Istria. Lo más llamativo de este edificio es la escalera de caracol, *bovolo* en veneciano, construida en el interior de una torre cilíndrica unida a la fachada y que dio nombre a este palacio (para diferenciarlo de otros tantos palacios Contarini en Venecia). Después de subir la escalera a pie, las bonitas vistas compensan el esfuerzo.

- 🕐 C2
- ✉ Corte Contarini del Bovolo, San Marco 4303
- ☎ 041 309 6605
- 🌐 www.gioiellinascostidi venezia.it
- 🕐 En invierno, todos los días de 9.30 h a 17.30 h. En verano, todos los días de 10 h a 18 h. La taquilla cierra media hora antes durante todo el año.
- 🚤 Rialto
- 🎟 8 €

I PALAZZO GRASSI　　　✱✱✱

Desde que se comenzó a construir en 1748 ha pasado por varias manos: primero los Grassi, una familia de Bolonia que encargó su construcción al arquitecto Giorgio Massari, después perteneció a una sociedad que inmediatamente lo vendió a un famoso cantante de ópera; luego se convirtió en hotel. A mediados del siglo XX fue vendido de nuevo a una sociedad inmobiliaria y se abrió aquí el centro internacional de las artes y la moda. En 1978 un grupo de industriales vénetos fundó el **Centro di Cultura del Palazzo Grassi.** En 1984 lo adquirió el grupo Fiat y encargó la restauración del interior a los arquitectos Gae Aulenti y Antonio Foscari. En 2005 se vendió al magnate francés François Pinault, que es el propietario actual. Junto con la Punta della Dogana se ha convertido en uno de los espacios expositivos de arte contemporáneo más importantes.

- 🕐 C1
- ✉ Campo San Samuele 3231
- ☎ 041 240 1308
- 🌐 www.pinaultcollection.com
- 🕐 Todos los días de 10 a 19 h; cierra martes y el 24, 25 y 31 de dic. y el 1 de ene.
- 🚤 San Samuele, Sant' Angelo

◀ Palazzo Contarini.

UN PASEO A PIE

Recorrido
Comienza en la parada de vaporetto de San Marco/Vallaresso y termina en la plaza de San Marcos.

Duración
La duración del recorrido puede ser de una hora o de tres, según los lugares en los que cada uno decida detenerse.

▼ Interior de La Fenice.

San Marcos

▌ En este sestiere, uno de los más grandes y más abarrotado de visitantes, parece imposible que uno pueda escaparse y pasear por calles y campos tranquilamente... todo depende de la hora que se elija.

Comienza el recorrido en la parada de vaporetto San Marco/Vallaresso. Camine desde aquí hasta la Piazzetta y rodee la plaza empezando por los soportales de las Procuratie Nuove, luego recorra el Ala Napoleónica y las Procuratie Vecchie.

▌ Desde este lado de la plaza, por el Sottoportego dei Dai se accede a la calle dei Fabbri; recórrala hasta llegar al Ponte de la Pignate, crúcelo y siga por la calle Bembo hasta llegar a la Riva del Carbon.

Esta zona del Gran Canal está bastante animada por el ir y venir de los visitantes y la actividad de los propios venecianos.

▌ Por la Riva del Carbon, a la izquierda y otra vez a la izquierda, se llega al Palazzo Loredan y a la Corte del Teatro, al lado del Teatro Goldoni. Continúe luego hasta el Campo San Luca y más adelante el Campo Manin.

En Campo Manin está la Casa Magna Banca, uno de los pocos edificios modernos de Venecia.

▌ Continúe por la calle della Mandola y gire luego a la derecha por el Rio Terrà della Mandola, para llegar al Museo Fortuny; luego gire a la izquierda y otra vez a la izquierda por la calle Avvocati y llegará al Campo Sant' Angelo. Desde aquí continúe por la calle dei Frati hasta llegar al Campo San Stefano

El Campo San Stefano es el lugar adecuado para tomar un café, comer algo y descansar un rato antes de continuar el paseo. Desde el Campo San Stefano, si continúa por el Campo San Vidal, llega al puente de la Accademia.

▌ Continúe por la calle Spizzier hasta Campo San Maurizio; desde aquí, por la calle dei Zaguri, llegue hasta el Campo Santa Maria Zobenigo, cruce el Rio dell' Albero hacia la calle Larga 22 de Marzo; continúe a la izquierda por la calle delle Veste y girando otra vez a la izquierda llegará al Campo Fenice.

En esta placita el ambiente es bastante elegante. Se puede visitar el delicioso Teatro de La Fenice.

▌ Desde La Fenice, diríjase al Campo San Fantin y la calle del Fruttaròl para llegar a la Frezzeria; luego gire a la izquierda y continúe por la calle Zorzi, hasta la Fondamente Orseolo, que continúa por la calle Larga della Ascensione. Desde aquí se accede a San Marcos.

De nuevo en la plaza se puede aprovechar para visitar el Museo Correr o subir al Campanile.

▮ PUENTE DEL RIALTO ★★★

Este animado puente está situado en el centro de la ciudad y es uno de los cuatro puentes que cruzan el Gran Canal. Fue construido con piedra de Istria a finales del siglo XVI. Hasta el siglo XIX fue el único lugar por el que se podía pasar de un lado a otro de la ciudad a pie. Era el sitio de mayor actividad comercial de Venecia. Aún hoy, con el mercado al lado y todas las tiendas del puente (especialmente de venta de joyas y marroquinería) y sus alrededores, es una zona comercial tan frecuentada que a veces es imposible cruzar el puente sin chocarse con la gente a pesar de disponer de tres vías de paso: una central y dos laterales. Se construyó con un solo arco para que pudieran pasar las embarcaciones y su ojo está decorado con bajorrelieves y columnatas.

🕐 B3
🚤 Rialto

▲ Una góndola por el Gran Canal cruzando el puente del Rialto.

▮ TEATRO LA FENICE ★

Como el Ave Fénix, este teatro construido entre 1790 y 1792, uno de los teatros más elegantes de Italia, ha tenido que resurgir de sus cenizas en dos ocasiones, haciendo así honor a su nombre. El último incendio fue el que se produjo el 29 de enero de 1996 y su carísima reconstrucción duró hasta el año 2003. Es uno de los escenarios operísticos más célebres del mundo y en el han actuado figuras de renombre mundial. Hay visitas guiadas.

✉ Campo San Fantin 1965
🌐 www.teatrolafenice.it
🚤 Rialto o San Marco / Vallaresso

▮ TORRE DEL RELOJ (▶22) ★★★

LO QUE HAY QUE SABER

Agua, arte, comercio y navegación son los cuatro elementos básicos de Venecia, ciudad de la que conviene saber algunas cosas para desenvolverse en ella. Los venecianos lo agradecerán… y usted también.

El cristal

Si se quiere comprar el verdadero cristal de Murano se deben adquirir los objetos que lleven el símbolo de un compás con un círculo en el que aparezca la marca Vetro Artístico©Murano. Para más información se puede consultar la página web del Consorzi Promovetro, www.promovetro.com.

El transporte

El transporte público en Venecia es muy caro para los turistas. Para evitar pagar de más debe organizarse bien la visita: si va a dedicar un día a ver las islas, saque el billete ese mismo día y a la hora en que piense viajar, porque el día comienza en el momento en que usted lo utilice por primera vez (si lo compra a las 16 h lo tiene hasta las 16 h del día siguiente). Los billetes de vaporetto se pueden comprar en las paradas, en los estancos *(tabaccherie)* o en los quioscos. En todos los vaporettos hay avisos e información sobre lo que puede suponer viajar sin billete; conviene llevarlo siempre encima pues la multa puede amargar las vacaciones a cualquiera. Aun con todo la ciudad es abarcable y quien quiera recorrerla a pie puede hacerlo.

Las direcciones

Venecia está dividida en seis *sestieri*, como ya hemos dicho, y cada sestiere, a su vez, está dividido en parroquias. Encontrar el nombre de una calle repetido varias veces en barrios diferentes es normal; esto, que parece un lío y por lo que todo el mundo se puede preguntar cómo el cartero consigue dar con el domicilio al entregar el correo, se soluciona dando el número "de cívico" (de cada casa). Por ejemplo, en la dirección calle del Forno, Cannaregio 3214, lo que importa es Cannaregio 3214, porque es posible que exista otra calle del Forno en otro barrio.

Los venecianos

Gondolieri (gondoleros), *tassisti* (taxistas), *banchettari* (vendedores de tiendas), *barcaioli* (transportistas), *acchiappa turisti* (los que abordan a los turistas ofreciéndoles hotel, restaurante, etc.) y venecianos de a pie componen la gran variedad de gente que llamará la atención del turista en algún momento de la visita. La mayoría de los venecianos hablan un dialecto, con lo cual a veces resulta más difícil a los visitantes comprender lo que dicen, dando así una falsa idea de gente considerada fría y seria pero que en realidad es hospitalaria y amable. Se quejan de su propia ciudad pero la adoran y no les gusta que los turistas

también se quejen. No suelen salir de la isla a no ser que sea para ir a trabajar, consideran que todo lo que hay al otro lado del Puente de la Libertad, el que los une con el continente, es campo.

Normas para pasear

Cuando llegue a Venecia se dará cuenta de que los venecianos son los únicos que no estorban en la calle; todos los demás en algún momento tropezamos, bloqueamos una puerta o un puente; esto resulta inevitable en una ciudad con calles tan estrechas, pero, aunque no hay normas escritas sobre cómo desplazarse, hay algunos comportamientos básicos que todos debemos tener en cuenta: caminar en fila india y procurar ir siempre por la derecha; si se va en grupo es necesario evitar las paradas en medio de un puente o en una calle estrecha.

Prohibiciones

El Comune di Venezia ha lanzado una campaña con la finalidad de sensibilizar a la gente para que cuide y respete la ciudad. Se ha prohibido lo siguiente: sentarse a comer y a beber en el área de la Plaza de San Marcos; tampoco puedes sentarte en escaleras, monumentos y espacios históricos; dejar basura en cualquier sitio; alimentar a palomas y gaviotas; bañarse en el canal o en el bacino de San Marcos; pasear en bicicleta o en otro medio de transporte; practicar actividades peligrosas; manchar edificios y suelo público; ir por la calle con el torso desnudo o en traje de baño; hacer ruido entre las 23 y las 7 h y entre las 13 y las 15.30 h.

Góndolas

Es probable que sea el mejor medio de transporte para desplazarse por Venecia, pero, desgraciadamente, resulta un poco caro. De todas formas, si es posible, conviene ver la ciudad desde esa perspectiva: pasear por los canales pequeños y oscuros por la noche es toda una experiencia.

Acqua alta

Este fenómeno que se produce todos los años, sobre todo entre los meses de abril y octubre, aunque también puede pasar en otras épocas del año, es algo a lo que están acostumbrados los venecianos. La ciudad se inunda debido a las mareas producidas por las variaciones de presión y por los vientos. Una sirena suena en toda la ciudad para avisar de la llegada del acqua alta. Por tanto, conviene viajar concienciado de que esto puede pasar. Hay muchos comercios en los que venden botas de agua para poder salir a la calle sin calarse. En algunas zonas colocan unas pasarelas

para que se circule sobre ellas. El *acqua alta* puede parecernos algo muy divertido o puede resultar un inconveniente, depende de cada uno.

El contraste

Es una ciudad de contrastes en la que se puede encontrar lo más exquisito, cafés y restaurantes maravillosos y el verdadero lujo de los palacios a los que pocos pueden acceder, pero en la que también puede pasear por un barrio de pescadores con la ropa tendida de un lado a otro de la calle y en el que la gente saca su silla a la calle para no perderse nada de lo que pasa por delante de su puerta. Todo es Venecia y todo tiene su encanto.

Experiencia única

El visitante en Venecia debe tener en cuenta que no visita una ciudad cualquiera, que sus habitantes nos abren las puertas y nos permiten pasear, comer, beber y dormir. Sea respetuoso con la ciudad y aproveche su viaje empapándose de su belleza y dejando que un poco de su alma penetre en usted, es toda una experiencia para los sentidos.

▮ ARSENALE   *

Este magnífico espacio amurallado fue el símbolo del poder marítimo y uno de los secretos mejor guardados de la Serenísima. Dentro, miles de trabajadores construían los barcos mercantes y de guerra y eran capaces de hacer una galera completa en un solo día. La puerta principal, **Porta Magna,** fue construida en 1460, y los leones que están a los lados fueron traídos de Grecia y añadidos en 1687; uno de ellos tiene unas inscripciones rúnicas grabadas por mercenarios escandinavos.

▮ CAMPO DE SAN ZANIPOLO   **

Uno de los bonitos y agradables *campi* de Venecia, en el que, además de la **iglesia de Santi Giovanni e Paolo** y de la **Scuola Grande San Marcos** (hoy hospital), destaca la magnífica estatua ecuestre del *condottiero* Bartolomeo Colleoni, llamada *il Colleone.*

▮ CAMPO DE SANTA MARIA FORMOSA   *

Es una plaza muy frecuentada por los venecianos a la hora del aperitivo. La terraza del **quiosco Zanzibar,** situada al lado de un pequeño canal, detrás de la iglesia de Santa Maria Formosa, es de las más animadas.

☒ Riva S. Biasio Castello, 2148
Ⓤ Arsenale o Bacini

Ⓞ B4
Ⓤ Fondamenta Nove,
Ospedale

Ⓞ B4
Ⓤ San Zaccaria, Rialto

▶ Tumba de uno de los veinticinco dogos en la iglesia de Santi Giovanni e Paolo, en el Campo de San Zanipolo.

¿Sabía Ud. que...?

Los trabajadores del Arsenal, arsenalotti, eran considerados artesanos cualificados y a este grupo pertenecían los maestres constructores, carpinteros y calafateadores. Todos tenían garantizado el puesto de trabajo para toda la vida. Esto demostraba lo mucho que significaba el poder marítimo para el Estado.

I **GIARDINI** ✳

Este amplio espacio verde es un lugar sorprendente en una ciudad como Venecia. Los *Giardini* están divididos en dos partes: una reservada a los pabellones de la Biennale y otra que es un parque en el que se puede ver una gran variedad de especies de árboles. En estos jardines hay algunas estatuas de personajes famosos, entre las que destacan la de Wagner y Verdi. También se puede ver la estatua neoclásica *Minerva,* que hace tiempo adornaba el edificio de la Accademia.

🚶 Giardini

I **IGLESIA DE SAN FRANCESCO DELLA VIGNA** ✳

Merece la pena dar un paseo para visitar esta gran iglesia cuyo campanile se confunde a veces con el de San Marcos. El interior de la iglesia, de una sola nave, tiene cinco capillas y destaca su sencilla arquitectura. Muestra obras de Giovanni Bellini, Antonio da Negroponte, Antonio Vivarini, Veronés, Giambattista Tiépolo, etc.

✉ Campo di San Francesco, Castello 2786
☎ 041 522 2476
🕐 Horario irregular
🚶 Ospedale/Celestia
💶 Gratis

I **IGLESIA DE SAN GIORGIO DEI GRECI** ✳

La comunidad griega de Venecia estaba compuesta por tantas personas en el siglo xv que fue tratada por la República de forma especial y permitió el rito ortodoxo en algunas iglesias. Quizá lo que más llame la atención del exterior sea su inclinado campanile del siglo xvi. En el interior destacan el monumento a Gabriel Seviros, de Longhena; los frescos de la cúpula, de Giovanni Kyprios y el santuario con obras de Tommaso Bathas, Giovanni Kyprios, Benedetto Emporios y Michel Damaskinós.

🕐 C4
✉ Campo dei Greci, Castello 3422
☎ 041 523 9569
🕐 De L a S de 9.30 h a 14 h. No es posible visitar la iglesia durante los oficios
🚶 San Zaccaria
💶 Barato

I **IGLESIA DE SAN GIOVANNI IN BRAGORA** ✳

Lo más destacado de esta iglesia es que en ella fue bautizado Vivaldi el 6 de mayo de 1678. En su interior se pueden ver obras de Vivarini y de Cima da Conegliano, de este último es el cuadro que hay en el altar titulado *El bautismo de Cristo.*

✉ Campo Bandiera e Moro, Castello 3790
☎ 041 520 5906
🕐 L-S de 10.30 h a 13.30 h y de 14.30 h a 17 h.
🚶 Arsenale
💶 Gratis

I **IGLESIA DE LA PIETÀ** ✳

La iglesia actual fue construida por Giorgio Massari para ser lugar de culto y a la vez sala de conciertos del coro de los niños del hospicio fundado por Pedro de Asís en Venecia en 1340. El coro estaba dirigido por grandes maestros y compositores como Vivaldi. Todavía hoy se celebran aquí conciertos y son los únicos días en los que se puede visitar el interior de esta iglesia cuya obra más importante es *La Coronación de la Virgen,* de Giambattista Tiépolo.

🕐 C4
✉ Riva degli Schiavoni, Castello 3702
☎ 041 522 2171
🌐 www.pietavenezia.org www.chiesavivaldi.it
🚶 San Zaccaria

▶ *Sacra conversazione* por Bellini, en el interior de San Zaccaria.

✉ Campo San Pietro, Isola S. Pietro
🕐 De L a S de 10.30 h a 17 h
⛴ Giardini
🛏 Barato

I IGLESIA DE SAN PIETRO DI CASTELLO ✱

Situada en uno de los terrenos más antiguos de Venecia, fue levantada en el espacio que ocupaba una iglesia que fue demolida en el siglo IX. San Pietro fue la catedral de la ciudad desde el año 775 hasta 1807. La fachada actual no responde exactamente al proyecto inicial de Palladio pero sí mantiene sus líneas esenciales. En el interior se puede intuir lo que se supone que fue la cátedra de San Pedro de Antioquía, con obras de Luca Giordano, Marco Basaiti, Pietro Liberi, Pietro Ricchi, Veronés y la capilla funeraria Vendramin proyectada por Longhena.

🕐 C4
✉ Campo San Zaccaria, Castello 4693
🕐 De L a D de 10 h a 18 h
⛴ San Zaccaria
🛏 Capilla, gratis; sacristía y cripta, barato

I IGLESIA DE SAN ZACCARIA ✱✱✱

Es una de las iglesias más elegantes de Venecia. La fachada renacentista, de magníficas proporciones, es considerada una obra maestra de Codussi. En el interior lo más destacable de las muchas obras que alberga es el cuadro de Giovanni Bellini *Madonna con el Niño y santos* (1505), que se halla en la segunda capilla que hay a la izquierda. En la capilla del coro, llamada de San Atanasio, está el cuadro de Tintoretto el *Nacimiento de San Juan Bautista;* y en la capilla de oro, llamada de San Tarasio, se pueden ver los frescos de Andrea del Castagno y Francesco da Faenza.

🕐 B4
✉ Campo Santa Maria Formosa, Castello 5263
🌐 www.chorusvenezia.org
🕐 De L a S de 10.30 h a 17 h, D cerrado
⛴ San Zaccaria
🛏 Barato

I IGLESIA DE SANTA MARIA FORMOSA ✱

En 1492 se le pidió a Mauro Codussi que proyectara un edificio que sustituyera a la iglesia que había del siglo XI, que se hallaba en muy mal estado. Del campanile del siglo XVII destaca su cúspide redondeada y el *mascherone* que hay sobre la puerta, que representa la cara deformada de un leproso. En el interior se pueden ver obras de Vivarini, Palma el Viejo, Palma el Joven, Leandro Bassano y Giulia Lama.

I MUSEO DIOCESANO DI ARTE SACRA ✳

Se hallaba en el primer piso de un edificio de los siglos XII y XIII. Se accedía a él por el claustro románico de Sant'Apollonia, cuyo pórtico es único en Venecia y en cuyas paredes se exponen obras romanas y bizantinas que forman el Lapidario Marciano. En 2019, el museo cerró, convirtiéndose la **Pinacoteca Manfrediniana** (Dorsodouro 1. 30135 Venecia) en el actual Museo Diocesano.

I MUSEO DE LA FUNDACIÓN QUERINI STAMPALIA ✳

Está instalado en el Palacio Querini Stampalia, que se terminó de construir para la boda de Francesco Querini con Paola Priuli. Este palacio custodia obras de arte, manuscritos, grabados y libros. La pinacoteca acoge obras de Giovanni Bellini, Giambattista Tiépolo y cuadros de Pietro y Alessandro Longhi, y la biblioteca tiene más de 200.000 libros. La fundación, creada a finales del siglo XIX, promociona hoy exposiciones de arte contemporáneo. En la planta baja se extiende el jardín, el pórtico, el acceso al canal, el vestíbulo y la escalera de la biblioteca, espacios rehechos por Carlo Scarpa entre 1959 y 1963. El edificio se sometió a una reestructuración llevada a cabo por Mario Botta.

I MUSEO HISTÓRICO NAVAL ✳

La Marina Militar Italiana es la dueña de este museo construido en 1922, reconocible por las dos anclas enormes que hay delante de la fachada. Merece la pena la visita durante la cual se pueden ver mapas, objetos, embarcaciones y maquetas como la del Bucintoro, la impresionante embarcación del dogo.

▼ Interior de la iglesia de San Zaccaria.

● ● ● ● ● ● ● ● ●

⏱ C4
✉ Santa Maria Formosa Castello 5252
☎ 041 271 1411
🖥 www.querinistampalia.org
🕐 De M a D de 10 h a 18 h (la taquilla cierra media hora antes)
🚤 San Zaccaria
💶 Medio

● ● ● ● ● ● ● ● ●

Museo Histórico Naval
✉ Riva San Biasio, Castello 2148
☎ 041 244 1399/ 041 520 0276
🕐 L a J de 8.45 h a 13.30 h, V y S de 8.45 h a 17.30 h, D de 10 h a 17.30 h. El museo permanece cerrado por obras de restauración
🚤 Arsenale
💶 Barato

A San Pietro por la Riva degli Schiavoni

Punto de partida
Comienza en la parada de vaporetto de San Zaccaria, enfrente del Hotel Jolanda, y termina en la isla de San Pietro.

Recorrido
Este recorrido pasa por lugares tan impresionantes como la Riva degli Schiavoni, con sus relajantes vistas de la laguna, y por los sitios más humildes y a la vez encantadores del sestiere de Castello, un barrio de contrastes.

❚ A este sestiere pertenece una de las "postales" más conocidas de Venecia, la Riva degli Schiavoni, el paseo desde el que se ve claramente dónde se abre la laguna.

Situados en la parada San Zaccaria/Jolanda, casi enfrente está el Sottoportego y la calle San Zaccaria que lleva al Campo del mismo nombre, donde puede visitar su magnífica iglesia.

❚ Continúe a la izquierda por la Salizzada de San Provolo y luego a la derecha por la calle del mismo nombre para llegar a la Fondamenta dell'Osmarin. Cruce el puente que hay a la izquierda y luego el que está a la derecha, al lado de San Giorgio dei Greci, y siga por la calle della Madonna y luego por la Salizzada dei Greci. Cruce otro puente y avance por la Salizzada de Sant'Antonin hasta llegar al Campo Bandiera e Moro.

En esta plaza se levanta la iglesia en la que fue bautizado Vivaldi; deténgase a admirar las bonitas fachadas que la arropan.

❚ Continúe por la calle Crosera y luego gire a la derecha y siga por la calle del Cagnoletto para salir a la Riva degli Schiavoni. Sitúese en dirección a los Giardini.

Después de cruzar el puente comienza la Riva di Ca'di Dio; diríjase hasta el siguiente puente, crúcelo y pase a la Riva de San Biàgio, que está separada por el próximo puente de la Riva dei Sette Martiri.

❚ A la izquierda comienza la Via Giuseppe Garibaldi. Recórrala entrando y saliendo por las calles que hay a ambos lados hasta llegar a la Fondamenta de Sant'Anna. Al otro lado del puente Quintavalle está la isla de San Pietro. Siga por la Fondamenta Quintavalle, a la izquierda, y luego por la calle Dietro il Campanile, que está a la derecha y llegará al Campo di San Pietro.

Aquí se sitúa San Pietro di Castello, la que fuera catedral de Venecia hasta el año 1807.

OSPEDALETTO E SALA DELLA MUSICA ✱

Este edificio, que en la actualidad es un hospital, se construyó en el año 1528 para recoger a pobres y huérfanos. De las muchas reestructuraciones a las que fue sometido, la más importante fue la que se llevó a cabo durante la construcción del patio de las Cuatro Estaciones, de la escalera y la sala de Música. Aquí se daban clases de canto y música a los huérfanos. Se pueden ver frescos de Jacopo Guarama y Agostino Mengozzi. La fachada del edificio, mezcla de los estilos clásico y barroco, es de Longhena.

B4
Barbaria de le Tole, Castello 6691
041 309 6605
Fondamente Nove

SCUOLA DI SAN GIORGIO DEGLI SCHIAVONI ✱✱✱

Los llamados *schiavoni* eran la mano de obra barata y los comerciantes que llegaban a la ciudad procedentes del Adriático oriental. Estos estaban muy bien considerados por su capacidad y su experiencia en el mar. En 1451 se les permitió crear esta *scuola* (o cofradía) y los santos que eligieron como patronos fueron Jorge, Trifón y Jerónimo. En la planta baja están las obras de Vittore Carpaccio en las que se cuenta la historia de San Jorge y el dragón. Otras escenas notables son la *Agonía en el jardín* y la *Llamada de San Mateo,* y tres obras sobre la vida de san Jerónimo, la más famosa es la de *San Augustín en su estudio.*

calle dei Furlani, Castello 3259/a
041 522 8828
www.scuoladalmata venezia.com
Todos los días de 10 h a 17.30 h (la taquilla cierra media hora antes). Martes cerrado.
Arsenale
Barato

SCUOLA GRANDE SAN MARCO ✱✱

Su magnífica fachada con incrustaciones de mármoles de colores refleja que era una de las seis grandes hermandades que había en Venecia. En su interior había obras del taller de Bellini y de Tintoretto que representaban la leyenda del santo y que ahora están en la Accademia. Hoy es un hospital pero pueden verse los relieves de la planta baja atribuidos a Tullio Lombardo *(La curación* y *El bautismo de Aniano),* esculpidos en la pared a modo de ventanas.

B4
Campo Santi Giovanni e Paolo, Castello 6777
041 529 4323
www.scuolagrande sanmarco.it
De L a V de 9 h a 17 h
Ospedale Civile

▼ Fachada de la Scuola Grande San Marco, hoy convertida en hospital.

▲ Colección Peggy
Guggenheim.

○ D2
⚲ Campiello Barbaro;
Accademia, Salute

⚲ Fondamenta del Soccorso,
Dorsoduro 2596; San Basilio

○ C1
✉ Fondamenta Rezzonico,
Dorsoduro 3136
☎ 041 241 0100
🖥 http://carezzonico.
visitmuve.it
○ De Mier a L de 10 h a 18 h.
La taquilla cierra una hora
antes
⚲ Ca' Rezzonico
🎫 10 €

LO QUE HAY QUE VER EN DORSODURO

▌ CA' DARIO ✱

Quizá este sea el *palazzo* más atractivo del Gran Canal. A su magnífica fachada revestida de mármoles, probablemente de Pietro Lombardo, hay que añadir todo el misterio que lo rodea. Lo cierto es que este precioso "castillo de naipes" presenta una de las fachadas más bellas de Venecia. En él vivió Rawdon Brown, el gran historiador amigo de John Ruskin. Actualmente está siendo restaurado y no se sabe cuándo volverá a abrir.

▌ CA' ZENOBIO ✱

Merece la pena acercarse hasta este palacio del siglo XVIII, construido por Antonio Gaspari en forma de una gran "C", que alberga un maravilloso jardín y cuya fachada es una representativa muestra del barroco veneciano. En el interior se pueden admirar obras de Giambattista Tiépolo y de Luca Cerlevarijs. En el espléndido salón de baile, el techo está decorado con frescos de Louis Dorigny. Durante la Biennale siempre es posible ver alguna exposición en este palacio.

▌ CA' REZZONICO
MUSEO DELL SETTECENTO VENEZIANO ✱✱✱

Este majestuoso palacio lo comenzó a construir Baldassare Longhena, lo continuó Antonio Gaspari y lo terminó Massari. Desde la espectacular entrada de agua del Gran Canal se ve al fondo el jardín, un tranquilo lugar que puede servir de descanso al visitante.

En una parte del *piano nobile* vivió el poeta Robert Browning desde 1888 hasta su muerte en 1889. Desde 1935 pertenece al Ayuntamiento de Venecia.

Durante la visita se pueden ver los amplios salones, trajes, los frescos de Giambattista Tiépolo y de su hijo Giandomenico y de Gerolamo Mengozzi Colonna, y obras de Guardi, Mengs, Rosalba Carriera, Lorenzo Tiépolo y Longui entre otros.

▮ CAMPO SAN BÁRNABA ★★

Esta pequeña plaza arropada por la iglesia del mismo nombre parece un cruce de caminos. Es uno de los lugares por los que pasa continuamente la gente que va a la Accademia y aprovecha para conocer este *sestiere*.

- C1
- Ca' Rezzonico

▮ CAMPO SANTA MARGHERITA ★★

Quizá sea la plaza más animada de Venecia tanto en invierno como en verano, por la mañana o por la noche; siempre hay muy buen ambiente. Cerca de aquí está la Universidad Ca'Foscari y es frecuente ver a los estudiantes celebrando cualquier cosa.

- C1
- Ca' Rezzonico

▮ COLECCIÓN PEGGY GUGGENHEIM CA' VENIER DEI LEONI ★★★

En el recorrido por el Gran Canal se reconoce fácilmente este palacio inacabado, cuya entrada de agua se halla presidida por *El ángel de la ciudad,* la estatua ecuestre tan singular de Marini Marini. Se comenzó a construir sobre un proyecto de Lorenzo Boschetti en 1749 y fue comprado por la conocida mecenas Peggy Guggenheim en 1948, para establecer en él su residencia y decorarlo con todo el arte abstracto y surrealista que atesoró hasta crear esta colección, una de las más importantes de arte moderno que se encuentra en Italia. La Fundación Solomon R. Guggenheim se hizo cargo del palacio a la muerte de esta

- D2
- Palazzo Venier dei Leoni, Dorsoduro 701
- 041 240 5411
- www.guggenheim-venice.it
- De 10 h a 18 h, M y 25 de diciembre cerrado. La taquilla cierra 45 min antes
- Accademia, Salute
- 16 €

poderosa mujer y lo convirtió en museo. Repartidas entre lo que fueran los comedores, la cocina, la biblioteca, los corredores, la sala de invitados y el resto de las estancias de este edificio se siguen la obras de grandes artistas entre los que cabe destacar los siguientes: Duchamp, Henry Moore, Giacometti, Hans Arp, Kandinsky, Malevich, Picasso, Braque, Lèger, Picabia, Boccioni, Brancusi, Mondrian, Mirò, Chagall, Klee, De Chirico, Pollock, Carrá y Marini.

❙ GALLERIE DELL'A ACCADEMIA (▶28)

❙ IGLESIA ANGELO RAFFAELE ✳

La iglesia actual es de 1618, aunque la primitiva data del siglo XI. Aquí paraban los barqueros que hacían el recorrido desde San Raffaele hasta Lizza Fusina para rezar a la Virgen y al arcángel Rafael. En su interior hay obras de Bonifacio de Pitati, Palma el Joven, Morlaiter y Diziani. Sobre la entrada principal está la *Historia de Tobías,* de Giannantonio Guardi.

D1
✉ Campo Angelo Raffaele, Dorsoduro 1711
🚤 San Basilio
🎫 Gratis

❙ IGLESIA DE SAN NICOLÒ DEI MENDICOLI ✳✳

El nombre *mendicoli,* "mendigos", se debe a los habitantes pobres, los *nicolotti,* que vivían en esta zona de Venecia, un barrio de pescadores pobres. La planta de esta iglesia construida sobre los restos de un edificio militar del siglo VII es de inspiración bizantina del siglo XII. En el altar mayor hay una

✉ Campo San Nicolò, Dorsoduro 1907
🕐 De L a S de 10 h a 12 h y de 15 h a 17.30 h. D y fest. de 9 h a 12 h
🚤 San Basilio/Ca' Rezzonico
🎫 Gratis

▼ Iglesia de San Trovaso.

estatua de madera del siglo xv de San Nicolò con las tres esferas de oro que simbolizan las monedas entregadas para librar a tres niñas de la prostitución.

▮ IGLESIA DE SAN SEBASTIANO ✱✱✱

La primera iglesia se reconstruyó entre 1455 y 1468 y la actual entre 1506 y 1562. Es una de las iglesias más destacadas de Venecia, por la cantidad de trabajos del Veronés que pueden verse en su interior, en donde está enterrado este pintor. Las dos obras más importantes de este gran artista son *Esther coronada por Asuero* y *El martirio de San Sebastián*. El portal de la entrada de la izquierda es un proyecto del arquitecto Carlo Scarpa.

✉ Campo San Sebastiano, Dorsoduro 1686
☎ 041 275 0462
🖰 www.chorusvenezia.org
🕐 L-S de 10.30 h a 17 h
🚏 San Basilio/Ca' Rezzonico
💶 Barato

▮ IGLESIA DE SAN PANTALON ✱

La actual iglesia se construyó entre 1667 y 1680. Lo que más llama la atención del interior es su techo de 443 m^2 en el que se extienden 40 lienzos unidos en una escena que juega con la perspectiva y cuyo resultado es asombroso.

✉ Campo San Pantalon, Dorsoduro 3703
🖰 www.sanpantalon.it
🕐 L-I de 10 h a 12.30 h y de 15.30 h h a 18 h. S de 10 h a 12.30 h y de 15.30 h a 19 h. D de 9 h a 12.30 y de 15.30 h a 18 h.
🚏 San Tomà 💶 Gratis

▮ IGLESIA DE SAN TROVASO ✱

La iglesia que se ve en la actualidad es de 1584 aunque se menciona en documentos del año 1028. En la primera capilla que hay a la derecha, se esconde el altar de los *squerarioli* (constructores de barcas en los astilleros privados). En otra capilla descansan las cenizas de San Francisco de Paula. En su interior hay obras de Tintoretto y Palma el Joven.

✉ Campo San Trovaso, Dorsoduro 1098
🚏 Accademia/Zattere

▮ IGLESIA DE SANTA MARIA DEI CARMINI ✱✱

Se comenzó a construir en 1286 como convento carmelita, pero la iglesia que vemos hoy es del siglo XIV. Durante la remodelación del siglo XVI se terminó la actual fachada principal hecha con ladrillos venecianos. En su interior se pueden ver importantes obras de Cima de Conegliano, de Lorenzo Lotto y una talla de bronce de Giorgio Martinni.

✉ Campo dei Carmini, Dorsoduro 2612
☎ 041 520 5921
🕐 L-S de 8.30 h a 13 h y de 14 h a 18 h
🚏 San Basilio/Ca' Rezzonico
💶 Gratis

▮ SCUOLA GRANDE DEI CARMINI ✱

Se creó en 1597 con las donaciones de un grupo de mujeres caritativas, las *Pinzocchere dei Carmini,* reconocidas en el año 1300 como terciarias de los carmelitas. Ellas confeccionaban los escapularios de tela –considerados talismanes y símbolo de esperanza– para los carmelitas. La fachada del edificio es de Longhena y su interior se compone de planta baja, Sala Capitular (ciclo de nueve obras de Giambattista Tiépolo en las que se exalta la figura de la Virgen) y sala del Archivo (obras de Giacomo Piazzetta y el Padovanino).

✉ Campo dei Carmini, Dorsoduro 2617
☎ 041 528 9420
🖰 www.scuolagrande carmini.it
🕐 De 10 h a 17 h
🚏 Ca' Rezzonico
💶 7 €.

De las Zattere a la Accademia

Recorrido
Comienza en la parada de vaporetto de San Basilio y termina en la Accademia.

▌ El sestiere de Dorsoduro es uno de los más animados y presenta un ambiente muy variado.

Baje en la parada de vaporetto de San Basilio en las Zattere, y siga por la calle que hay justo enfrente, la calle del Vento, cruce el Campo de San Basègio y siga por la fondamenta de San Basilio; deje a un lado la calle dell' Avogaria y al otro, el puente y la iglesia de San Sebastiano, y continúe por la Fondamenta de San Sebastiano, que al girar a la derecha se convierte en la enigmática Fondamenta del Soccorso, en la que se halla Ca' Zenobio; al final se halla el Campo dei Carmini.

▌ Luego continúe por el tramo del Rio Terrà della Scoazzera que va desde el Campo dei Carmini hasta el Rio Terrà Canal, dejando a la izquierda el Campo Santa Marguerita.

Antes de continuar se puede hacer una parada en esta plaza, que casi siempre está animada por turistas y venecianos, y en la que hay muchas terrazas.

▌ Atraviese el Rio Terrà Canal, donde se encuentra la tienda de máscaras Mondo Novo, probablemente la más interesante de Venecia, y luego cruce el puente dei Pugni; al otro lado del puente, a la izquierda, verá el ya famoso barco que vende frutas y verduras y más adelante se encuentra el animado Campo San Barnaba.

En esta placita es donde Katharine Hepburn se cae al canal en la película *Locuras de verano*, y donde estaba situada la alcantarilla por la que salía Harrison Ford en la película *Indiana Jones y la última cruzada*.

▌ Por la calle Lunga de San Baranaba se llega al Campo Squero, que se halla a la izquierda, luego siga por el Rio Terrà Ognisanti y gire a la izquierda, por la fondamenta del mismo nombre para llegar a la estrecha calle Trevisan, al final de la cual se sale de nuevo a las Zattere.

Continúe por este maravilloso paseo y cruce el primer puente que se encuentra, crúcelo y vaya hacia la izquierda, donde comienza el Rio Terrà Antonio Foscarini, que termina en el puente de la Accademia. En esta parte del puente están las Galerías de la Accademia. Puede aprovechar el final del paseo para entrar y seguir empapándose de arte.

▌ Durante el recorrido se pasa por lugares completamente desiertos y por otros más animados; las callejuelas estrechas suelen terminar en alguna animada placita donde hay mucha gente joven tomando algo y donde muchos se sientan a ver pasar a los turistas que van a la Accademia o que, desorientados, buscan una parada de vaporetto o simplemente quieren saber dónde está el Gran Canal para situarse de nuevo.

▲ Escultura en la Punta della Dogana.

SQUERO DE SAN TROVASO ✳

La palabra *squero* viene de *squara,* que significa "escuadra de carpintero". Es el taller en el que se construyen y reparan embarcaciones pequeñas, como góndolas, sandolos, etc. En Venecia hay varios pero este es el más antiguo. Está compuesto por una galería de madera, que es el espacio dedicado a taller, un embarcadero y una dársena cubierta.

PUENTE DE LA ACCADEMIA ✳

El proyecto del actual puente fue de Eugenio Miozzi, y se construyó para sustituir un viejo puente de hierro que había antes y que había sido inaugurado en 1854. Este puente, como ocurrió con el del Rialto, se ha convertido en un lugar con vida propia, y es uno de los mejores puntos de la ciudad desde donde poder disfrutar de las vistas del Gran Canal.

PUNTA DELLA DOGANA ✳✳

La palabra *dogana* significa "aduana". El proyecto arquitectónico era de Giuseppe Benoni, y fue la torre de control del tráfico marítimo de Venecia. Está coronada con una impresionante escultura de Bernardo Falcone, que representa a dos atlantes que llevan un globo dorado encima del cual se encuentra la diosa Fortuna sujetando un estandarte que sirve de veleta.

Actualmente es un espacio expositivo y es la sede, junto con el Palazzo Grassi, de la colección de François Pinault. Tadao Ando ha sido el arquitecto encargado de llevar a cabo la restauración de este edificio. Ahora, justo en la punta, podemos ver la escultura de un niño sujetando una rana, obra de Charles Ray.

ZATTERE ✳✳

Las *zattere* (las "balsas") van desde la Punta della Dogana hasta la Stazione Maritima por una de las orillas del canal de la Giudecca y es el lugar preferido de los venecianos para pasear y tomar el aperitivo los domingos por la mañana o al atardecer. A lo largo del paseo se pueden ver algunas iglesias que merece la pena destacar: la de Santa Maria della Visitazione, la de los Gesuati y la de Spirito Santo. Es un lugar maravilloso para terminar el día y esperar a que anochezca mientras se disfruta de las vistas de la Giudecca.

▲ Punta della Dogana.

📧 Canal de San Trovaso Canal (cerca de las Zattere), Dorsoduro
🚤 Zattere

🅾 D1
🚤 Accademia

🅾 D3
📧 Dorsoduro 2
☎ 041 240 1308
🖥 www.palazzograssi.it
🕐 De 10 h a 19 h, cierra martes. La taquilla cierra una hora antes
❗ Se puede comprar la entrada combinada con el Palazzo Grassi
🚤 Salute
🎫 15 €

🅾 A2
🚤 Zattere/San Basilio

- A2
- Cannaregio 3932
- 041 520 03 45
- www.cadoro.org
- De Mar a D de 10 h a 19 h. La taquilla cierra media hora antes. Lunes cerrado
- Ca' d'Oro
- 6 €

► Fachada principal de la iglesia de la Madonna dell'Orto.

- Guglie
- www.ghettovenezia.com

Museo Ebraico
- Campo del Ghetto Nuovo 2902/B
- 055 298 9815
- www.ghettovenezia.com
- Cerrado temporalmente por obras de restauración

- Campo Madonna dell'Orto. Cannaregio 3512
- De L a S de 10 h a 17 h
- Orto
- Barato. Caro si se combina con la entrada del coro

LO QUE HAY QUE VER EN CANNAREGIO

CA' D'ORO ★★

Es, junto con Ca' Dario, el *palazzo* más impresionante del Gran Canal. En su interior se halla la **Galería Giorgio Franchetti.** Marino Contarini fue el mercader de Venecia que compró el palacio en 1412 y construyó esta residencia. En 1840 se reestructuró y en 1896 el barón Giorgio Franchetti restauró y reconstruyó la bonita escalera exterior y el portal. En su interior instaló su colección de arte. La fachada es una de las más bonitas y única en Venecia; la decoración de algunos de sus elementos en pan de oro son el origen de su nombre. En 1916 el barón la donó al Estado y se inauguró en 1927; más tarde se cerró y se reabrió en 1984. La obra maestra de su colección es el cuadro de *San Sebastián,* de Andrea Mantegna.

CAMPO DEI MORI ★★

En este maravilloso lugar –así llamado porque aquí estaba situado el *Fondaco degli Arabi,* establecimiento comercial árabe– lo más destacado son los relieves románicos de los moros, dos en una fachada del campo, otro en la esquina con la Fondamenta dei Mori, calle en la que se halla la casa de Tintoretto, al lado de la cual hay otro moro en relieve. En el otro extremo de la plaza, enfrente de la fondamenta que hay después de cruzar el puente, se puede ver el relieve de un camello en la fachada del **Palazzo Mastelli.**

GHETTO ★★★

Venecia, al contrario que otros lugares, permitió a los judíos que vivieran en la ciudad. El Ghetto Nuovo, de 1516, es el más antiguo del mundo y destaca por sus calles estrechas y sus edificios altos. El Ghetto Vecchio es de 1541 y el Nuovissimo de 1633.

Hoy todavía existe una comunidad judía que mantiene las sinagogas, posee un centro cultural, restaurantes *kosher* y comercios. Es interesante pasar por el **Museo Ebraico** y visitar las sinagogas: la sinagoga alemana (Schola Grande Tedesca) es de 1528, la francesa (Schola Canton) de 1532, la italiana (Schola Italiana) de 1575, la española (Schola Spagnola) de 1539 y la sinagoga levantina (Schola Levantina) de 1530.

IGLESIA DE LA MADONNA DELL'ORTO ★★

Nadie que visite Venecia debe olvidarse de ver esta iglesia, que pertenece a la parroquia en la

Las *fondamente* de Cannaregio

Recorrido

Comienza en la estación de tren y termina en la Strada Nova, la gran calle comercial de Venecia. El sestiere de Cannaregio es uno de los más especiales, por sus largos tramos de calle que rodean los canales (*fondamente*) de sugerentes nombres por los que pasear a determinadas horas puede parecer que todo es un sueño. Es un paseo recomendado para quien no desee tropezarse con la gente y quiera disfrutar de la agradable sensación de no llegar a ninguna parte.

▼ Gran Canal en Cannaregio.

❚ Cannaregio es el sestiere de las *fondamente*, así se llama a los tramos de calle que rodean a ríos y canales; está lleno de lugares solitarios por los que apenas pasa gente por lo que pasear por sus calles se convierte en un verdadero descanso.

Comience el paseo en la Ferrovia, la estación de tren, recorriendo la Lista de Spagna hasta llegar a San Geremina, donde se encuentra el Palazzo Labia.

❚ Continúe por la Salizzada San Geremia y, antes de cruzar el puente delle Guglie, gire a la izquierda para seguir por la Fondamenta Venier, que continúa en la Fondamenta Savorgnan y luego en la Fondamenta San Giobbe.

Al llegar al puente dei Tre Archi, crúcelo y gire a la derecha para seguir paseando por la Fondamenta di Cannaregio y por la Fondamenta Pescaria, situadas ambas al otro lado del canal de Cannaregio. El canal de Cannaregio es el único, aparte del Gran Canal, por el que pasan los vaporetti.

❚ Una de las calles que hay a la izquierda es la calle del Forno, sígala y llegará al Campo del Ghetto Nuovo, donde se encuentra el Museo Ebraico.

Cruce el Rio della Misericordia para pasar a la fondamenta del mismo nombre, y continúe hacia la derecha por la fondamenta degli Ormesini, que luego se convierte en fondamenta della Misericordia, al final de la cual, girando a la izquierda, se llega al Campo dell' Abbazia, es otra Venecia.

❚ Continúe por el soportal de la abadía y, más adelante, después de cruzar un puente, y siguiendo la orilla del Rio della Sensa, pasará por delante de la Casa de Tintoretto.

La casa de Tintoretto es fácilmente reconocible por el relieve del moro que hay al lado. Unos pasos más y llegará al Campo dei Mori; déjelo a la derecha y continúe por la fondamenta dei Mori, que luego será la Fondamenta della Sensa; gire a la derecha cuando llegue a la calle del Capitello para llegar al Campo de Sant' Alvise, donde se encuentra la iglesia del mismo nombre. Dé la vuelta hasta el Campo dei Mori. Aquí puede ver el resto de los relieves de los moros en las fachadas de un lado del campo.

▮ Diríjase hacia el otro extremo del Campo dei Mori y cruce el puente que hay sobre el Rio Madonna dell' Orto para llegar al Campo Madonna dell' Orto, donde se halla una de las iglesias más bonitas de Venecia. Antes de continuar por la fondamenta Gasparo Contarini, fíjese en el famoso relieve del camello que hay justo enfrente en la fachada del Palazzo Mastelli.

Al final de esta fondamenta, girando por la Corte Vecchia, se vuelve a la Abazzia. Deje a su izquierda el Ponte Chiodo (que no tiene muro a los lados) y continúe por la fondamenta San Felice hasta llegar a la strada Nova. Aquí se termina la tranquilidad, pero también es agradable recorrerla para continuar hacia cualquier otro lugar.

▲ Calle peatonal del Ghetto.

▼ Moro en relieve junto a la casa de Tintoretto.

que nació y vivió Tintoretto, y en ella está enterrado el pintor. Se llama así porque la Virgen fue encontrada en un huerto. El edificio es un ejemplo espléndido del gótico veneciano con un campanile del que destaca su cúpula terminada en bulbo. El interior es de ladrillo, bastante sobrio, pero en él destacan las obras que Tintoretto realizó para este lugar: *Presentación de la Virgen* y *El Juicio Final*. Hay también otras pinturas de los siglos XV-XVII. Pero ya no es posible admirar un cuadro de Bellini, que fue robado en 1993.

▌ IGLESIA DE SANT'ALVISE ✳

Esta iglesia se comenzó a construir en 1383 por deseo de la noble Antonia Venier. La fachada es muy sencilla y el portal está construido con piedra de Istria. Lo más destacable de su interior es el barco del coro. Otras obras notables son los tres cuadros de Giambattista Tiépolo: *La corona de espinas, La flagelación* y la *Subida al monte Calvario*.

- ✉ Campo Sant'Alvise, Cannaregio 3205
- ☎ 041 719 933
- 🖰 www.chorusvenezia.org
- 🕐 L-S de 10.30 h a 17 h
- 🚤 S. Alvise

▲ Tienda y Ponte degli Scalzi.

- ✉ Campo San Geremia, Cannaregio 334
- 🚤 San Marcuola/ Ferrovia
- 🎟 Gratis

- ✉ Camp. S. Giobbe, Cannaregio 620

▌ IGLESIA DE SAN GEREMIA E LUCIA ✳

La iglesia original data del siglo IX, pero el edificio actual es de 1754. Aquí se conserva la reliquia del cuerpo de una joven mártir que según los estudiosos pertenece a Santa Lucía. Destaca también el cuadro Santa Lucía, de Palma el Joven.

▌ IGLESIA DE SAN GIOBBE ✳

El portal de esta iglesia dedicada al santo Job, situada al lado del **ponte dei Tre Archi,** se cree que es de Pietro Lombardo. En su interior hay obras de Giovanni Bellini, Carpaccio, Bonifacio de'Pitati y Vivarini, entre otros.

- 🕐 B3
- ✉ Campo San Giovanni Crisostomo, Cannaregio
- 🕐 Horario de culto
- 🚤 Rialto 🎟 Gratis

▌ IGLESIA DE SAN GIOVANNI CRISOSTOMO ✳

La iglesia original, de 1080, se quemó y en 1497, Mauro Codussi comenzó a edificarla de nuevo, terminándola su hijo. Guarda las obras *Los santos*

Girolamo, Cristóforo y Ludovico, de Bellini; el *San Giovanni* de Sebastiano del Piombo y el retablo *La coronación de la Virgen,* de Tullio Lombardo.

I IGLESIA DEGLI SCALZI ✳

Iglesia construida por los carmelitas en el siglo XVII, en la que destaca su fachada barroca y los elementos, sobre todo de mármol, que decoran su interior. Aquí está enterrado el último dogo veneciano.

✉ Fondamenta Scalzi, Cannaregio 54
🕐 De 7 h a 13 h y de 14.30 h a 18.45 h
🚊 Ferrovia 🚏 Gratis

I IGLESIA DE SANTA MARIA ASSUNTA (GESUITI) ✳

Los jesuitas reconstruyeron esta iglesia en 1715 en el lugar en que se hallaba la antigua iglesia medieval. En su fachada barroca destacan los ángeles que la adornan. Se pueden ver en su interior *El martirio de San Lorenzo,* de Tiziano, y la *Asunción de la Virgen* de Tintoretto.

🕐 A3
✉ Campo dei Gesuiti, Cannaregio 4877
☎ 041 528 6579
🕐 De 10.30 h a 13 h y de 15 h a 19 h
🚊 Fondamenta Nuove
🚏 Gratis

I IGLESIA DE SANTA MARIA DEI MIRACOLI ✳

Lo que más llama la atención es su raro emplazamiento: para verla bien conviene dar un paseo a su alrededor. Se puede apreciar su parecido con la fachada de Ca' Dario, pues también fue realizada por la familia de constructores Lombardi. Su espléndida fachada revestida de mármol con incrustaciones de colores y la situación de la iglesia hacen que haya sido comparada con un "joyero".

✉ Campo dei Miracoli, Cannaregio 6075
☎ 041 275 0462
🌐 www.chorusvenezia.org
🕐 L-S de 10.30 h a 17 h; D de 10.30 h a 18 h
🚊 Ca' d'Oro/Rialto
🚏 Barato o caro si se combina con el coro

I IGLESIA DE SANTI APOSTOLI ✳

Es una iglesia del siglo XI, reconstruida a partir del año 1549. Su campanario, uno de los más altos de la ciudad, está coronado por una cúpula ortodoxa. En su interior se pueden ver pinturas de Gaspari, Fabio Canal, Tulllio Lombardo y la obra más destacasa la *Comunión de Santa Lucía,* de Tiépolo, que se halla en una bella capilla del siglo XV.

✉ Campo dei Santi Apostoli, Cannaregio 51
🚊 Ca' d'Oro
🚏 Gratis

I PALAZZO LABIA ✳

Es la sede de la RAI, la radio y televisión de Italia. Antes perteneció a la frívola familia Labia. La parte que se visita es el impresionante salón de baile en cuyo techo se pueden admirar los frescos de Tiépolo.

🕐 A1
✉ Campo San Geremia 275
☎ 041 529 8711
🕐 Cita previa (llamar por la mañana)
🚊 Guglie

I PALAZZO SORANZO-VAN AXEL ✳

Es probable que todo el mundo recuerde este palacio porque ha sido filmado muchas veces. Su puerta, con arco ojival, es una de las más antiguas de Venecia. Merece la pena detenerse en el patio en el que se alza su impresionante escalera y observar las páteras bizantinas, las estatuas y las columnas que en 1919 instaló en el palacio un anticuario.

🕐 B3
✉ Cannaregio 6099, cerca de Santa Maria dei Miracoli
🕐 Durante la Biennale el palacio alberga exposiciones. El resto del tiempo no está abierto al público
🚊 Ca d'Oro/Rialto

LO QUE HAY QUE VER EN SAN POLO Y SANTA CROCE

❙ CA' PESARO GALERÍA DE ARTE MODERNO Y MUSEO DE ARTE ORIENTAL ✱✱✱

Destaca como uno de los magníficos palacios barrocos del Gran Canal. Construido por Giovanni Pesaro, uno de los dogos de Venecia, alberga los espléndidos museos de arte contemporáneo y de arte oriental. Además de las obras de arte que se pueden admirar en los museos, merece la pena la visita a este palacio cuya grandiosa fachada se ve desde el Gran Canal.

- ✉ Fondamenta Ca' Pesaro, Santa Croce 2076
- 🔗 capesaro.visitmuve.it/es/
- 🕐 Palacio y museos: de M a D de 10 h a 18 h. Cierra 1 h antes
- ⬇ San Stae
- 💶 10 €

❙ CAMPO SAN POLO ✱

Es una amplia plaza por la que es inevitable pasar alguna vez pues está en el camino que va de San Marcos a los Frari y San Rocco. Se puede encontrar uno con el cine de verano si se viaja en esta época.

❙ FONDACO DEI TURCHI MUSEO DE HISTORIA NATURAL ✱

Este palacio fue construido por Giacomo Palmieri, miembro de la familia Pesaro, en la primera mitad del siglo XIII. Fue la primera sede del Museo Correr y actualmente alberga el Museo de Historia Natural.

- 🕐 A1
- ✉ Santa Croce 1730
- 🔗 msn.visitmuve.it/es/
- 🕐 de M a D de 10 h a 18 h. Cierra 1 h antes
- ⬇ S. Stae
- 💶 10 €

❙ IGLESIA DE SAN CASSIANO ✱

Esta iglesia merece la pena sobre todo por las obras de Tintoretto que alberga en su interior. Hay que detenerse sobre todo en el cuadro *Crucifixión,* de Tintoretto.

❙ IGLESIA DE SAN GIACOMO DELL'ORIO ✱✱

La iglesia merece la pena tanto por su arquitectura interior como por el exterior; se pueden encontrar en ella todos los estilos de Venecia: los pilares son bizantinos y el techo tiene forma de barco invertido, como en la iglesia de Santo Stefano. Además guarda obras del Veronés y otros pintores venecianos. En esta iglesia se puede admirar una de las obras más extrañas de Lorenzo Lotto: *Virgen con el Niño entre apóstoles y santos,* en el altar mayor.

- 🕐 A1
- ✉ Campo San Giacomo dell'Orio, 1587
- 🔗 www.chorusvenezia.org
- 🕐 De L-S de 10.30 h a 17 h D cerrado
- ⬇ S. Stae/ Riva di Biasio

▶ Gondolero frente al Fondaco dei Turchi.

I **IGLESIA DE SAN GIACOMO DI RIALTO** ✳

Es casi imposible no fijarse en esta iglesia a pesar de estar situada en pleno mercado del Rialto, una de las zonas más concurridas de Venecia. El motivo por el que llama tanto la atención es el gran reloj del siglo XV que decora su fachada.

🔲 B3
✉ Campo San Giacomo, San Polo
🕐 De 9 h a 17 h. Martes cerrado
🚤 Rialto

I **IGLESIA DE SAN NICOLÒ DA TOLENTINO** ✳

De esta inmensa iglesia con sus grandes columnas, situada al lado de la Facultad de Arquitectura, cabe señalar que es el lugar en el que se casan muchos venecianos.

✉ Campo dei Tolentini, Santa Croce 265
🕐 No está abierta al público
🚤 Piazzale Roma

I **IGLESIA DE SAN POLO** ✳✳

Situada al lado del amplio Campo de San Polo, es una iglesia que merece la pena visitar para ver las estatuas de bronce de los santos que hay en el altar y las magníficas obras de Tintoretto y Tiépolo. De este último destacan las 18 pinturas de *Las Estaciones de la Cruz*.

🔲 B2
✉ Campo San Polo, 2407
🌐 www.chorusvenezia.org
🕐 L-S de 10.30 h a 17 h
🚤 San Silvestro/San Tomà
💶 Barato

I **IGLESIA DE SAN STAE** ✳✳

Durante el recorrido por el Gran Canal conviene fijarse en esta iglesia del siglo XVIII, construida por Rossi Domenico. Las esculturas barrocas de su fachada son quizá lo que más llama la atención. En su interior se puede ver el *Martirio de San Bartolomé,* de Tiépolo, y el *Martirio de Santiago el Mayor,* de Piazzetta. Durante la Biennale esta iglesia siempre alberga alguna exposición; también se organizan conciertos.

🔲 A2
✉ Campo S. Stae, 1982
🌐 www.chorusvenezia.org
🕐 L-S de 13.45 h a 16.30 h
🚤 San Stae
💶 Barato

I **MERCADO DEL RIALTO** ✳✳

Este mercado es uno de los espectáculos más animados de Venecia y merece la pena pasar por delante de todos los puestos aunque solo sea para comprar un vaso de fruta cortada para refrescarse. En las calles de este lado del Rialto hay muchos *bàccari,* que son los bares por los que van de vinos los venecianos y donde se pueden saborear los famosos *cichetti.*

🔲 B2
✉ Prima de la Donzella, San Polo 306
🕐 De L-S de 7.30 h a 13 h; el mercado de pescado cierra L
🚤 Rialto Mercato

I **PALAZZO MOCENIGO** ✳

Este palacio del siglo XVII fue la residencia de una rica familia veneciana. La decoración de las salas es muy elegante; destaca especialmente la bonita biblioteca y la exposición de ropa de época y de tejidos venecianos antiguos. La mayoría de las obras que se pueden ver son de Jacopo Guarana. La visita al palacio permite hacerse una idea de la forma de vida de la nobleza en el siglo XVIII.

🔲 A2
✉ Salizzada S. Stae, Sta. Croce 1992
🌐 mocenigo.visitmuve.it/es/
🕐 De 10 h a 18 h. Cierra 1 h antes
🚤 San Stae
💶 10 €

UN PASEO A PIE

Del Rialto a los Frari

▎ Por estos dos sestieri se cruzará sobre todo con venecianos que hacen su vida rutinaria, ajenos al turismo.

Desde el Palazzo dei Camarlenghi, en Rialto, siga la orilla del Gran Canal hasta Campo della Pescaria, luego continúe por la calle Beccarie hasta el campo homónimo.

▲ Vista nocturna del Gran Canal.

Recorrido
Comienza en el Rialto y termina en los Frari. Es un paseo tranquilo y corto a pesar de lo intrincado que resulta seguir el recorrido sobre un plano.

▎ Cruce el puente sobre el Rio della Beccarie y siga hasta encontrar, a la izquierda, la calle dei Botteri, luego la calle Muti a la derecha para llegar al Campo San Cassiano. Cruce el Rio San Cassiano y vaya hasta la calle della Regina, gire a la izquierda y luego a la derecha y llegará al Campo de Santa Maria Mater Domini.

Desde aquí, por la calle della Chiesa, cruzando el Rio San Boldo, siga por la calle Cristo y gire a la derecha por la calle dei Scalater hasta la calle del Calice; luego a la izquierda hasta la calle Tintor, que va a dar a San Giacomo dell'Orio. Esta es una de las plazas en las que se puede descansar en alguno de los bancos o en las terrazas de los bares mientras disfruta viendo cómo juegan los niños venecianos de este barrio.

▎ Continúe por la calle Larga y gire a la izquierda por la calle Spezier para llegar a San Zan Degolá, al lado del Fondaco dei Turchi.

Desde aquí, cruce el puente y siga por la calle Bembo hasta el Rio Terrà, luego gire a la derecha hasta la Riva de Biàsio y diríjase al Campo San Simeòn Profeta; luego, a la izquierda, hasta llegar a la Fondamenta Rio Marin o Garzotti hasta el Campiello del Cristo.

▎ Cruce el Rio Marin, vaya a la izquierda y luego a la derecha y pasará por la Scuola di San Giovanni Evangelista. Desde aquí, por la calle dell' Olio y luego por la calle Magazen, se llega al Rio Terrà San Tomà.

Vaya hacia la derecha, luego a la izquierda y otra vez a la izquierda hasta la calle Tintoretto, que va a dar a San Rocco y, unos pasos más adelante, al Campo dei Frari. Es una animada plaza en la que se puede descansar y reponer fuerzas para continuar con las visitas del día.

I SANTA MARIA GLORIOSA DEI FRARI (▶30) ✱✱✱

**I SCUOLA GRANDE DI SAN GIOVANNI
EVANGELISTA** ✱✱

Forma parte de las seis grandes *scuole*. Aunque el exterior es bastante espectacular merece la pena concertar una cita para visitar el interior. Si lo consigue, es probable que la visita guiada sea para usted solo, pues es necesario concertar una cita por teléfono y luego llamar a un timbre que deben oír los funcionarios que trabajan en la *scuola*. Se construyó sobre un proyecto de Mauro Codussi en 1454. El águila del frontón es el símbolo del evangelista San Juan de Patmos. La sala principal está decorada con escenas de la vida de San Juan. Un buen pretexto para visitarla es asistir a uno de los conciertos que se organizan.

I SCUOLA GRANDE DI SAN ROCCO (▶32) ✱✱✱

LO QUE HAY QUE VER EN LA GIUDECCA

I MOLINO STUCKY ✱

Este edificio tan diferente al resto de los edificios de Venecia se construyó en 1882, según un proyecto del arquitecto alemán Ernest Wullekopft, encargado por Giovanni Stucky. Es posible que todavía alguien recuerde las imágenes del incendio de 2003. Ahora, ya restaurado, alberga el **hotel Hilton** que tiene una espectacular piscina en la parte de arriba, con unas vistas espléndidas de la ciudad.

I IGLESIA DE IL REDENTORE ✱

Se construyó esta iglesia según un proyecto de Andrea Palladio en señal de agradecimiento cuando acabó la peste. La fachada con la escalera y el frontón recuerda a las villas de este arquitecto. Es el edificio de Venecia de arquitectura palladiana más purista.

I IGLESIA DE LA ZITELLE ✱

Significa literalmente "las solteras". El edificio se considera de Palladio y es evidente sobre todo por la presencia de ese sentido de la proporción propio del famoso arquitecto.

I IGLESIA DE SANTA EUFEMIA ✱

Es un edificio gótico de los siglos IX y X que ha sido reestructurado varias veces y especialmente en el siglo XVIII. La obra más importante que alberga esta iglesia es *San Rocco y un ángel,* de 1480, de Bartolomeo Vivarini.

· · · · · · · · · ·

🕐 B1
✉ Campiello de la Scuola, San Polo 2454
🌐 www.scuolasangiovanni.it
🕐 Permanece cerrada cuando se celebran los congresos
🚤 San Tomà
💶 10 €

¿Sabías que...?

El nombre de Rialto viene de *"rivo alto"* que significa "orilla alta". Ha sido, y continúa siéndolo, un lugar muy vital que ha sido mencionado y alabado por personajes como Shakespeare, Goethe y Jan Morris.

· · · · · · · · · ·

✉ Giudecca 810
☎ 041 272 3311
🌐 www.hilton.com
🚤 San Eufemia

· · · · · · · · · ·

✉ Campo del Redentore 195
☎ 041 275 0462
🌐 www.chorusvenezia.org
🕐 De L-S de 10.30 h a 17 h, D cerrado
🚤 Redentore
💶 Barato. Caro con el coro

· · · · · · · · · ·

🚤 San Eufemia

A un **paso** de **Venecia**

Si hay tiempo merece la pena visitar los alrededores de Venecia, pues la historia no estaría completa si no llegásemos, por agua, la única manera posible, hasta los orígenes de la ciudad, la isla de Torcello. Es fácil acercarse a las grandes y más conocidas islas porque hay transporte público con bastante frecuencia; más complicado resulta visitar las pequeñas, en las que solo hay un monasterio y sus únicos habitantes son los monjes que residen en él. Sin embargo, son lugares increíbles, y probablemente sean los que mejor sabor de boca nos dejen en nuestro viaje.

Las islas

La laguna de Venecia está salpicada de islas, unas 40 aproximadamente. Todas, incluso las más turísticas, tienen su encanto y su visita al final siempre nos resulta productiva, o quizá sea el viaje por la laguna lo que nos parece interesante, o incluso la manera de llegar hasta ellas, tan extraordinaria para los que viven en tierra firme.

LO QUE HAY QUE VER EN LAS ISLAS

▌ BURANO ★★★
Esta isla de pescadores, con sus casas de todos los colores y con tanto encanto es conocida sobre todo por sus encajes, que, como el vidrio en Murano, se exportaba a muchos lugares.

Suele ser la parada que se hace antes de continuar a Torcello o para luego dirigirse a San Francesco del Deserto, pero esta pausa se agradece, porque el paseo por esta pequeña isla es muy agradable.

En la Piazza Galuppi se puede visitar la **Scuola dei Merletti,** escuela y Museo del Encaje, en el que se exponen piezas de encajes antiguos. Antes de continuar el viaje, merece la pena entrar en la **iglesia de San Martino,** con su campanile inclinado, para admirar el cuadro *La Crucifixión,* de Tiépolo.

▌ LIDO Y SUS PLAYAS ★★
Situada enfrente de Venecia, protegiéndola de las mareas, esta isla, estrecha y larga, fue el lugar que inspiró a Thomas Mann para escribir *La muerte en Venecia.* Hasta los años cuarenta del siglo XIX, no era más que arena y playa, pero en esta época se pusieron de moda los baños en el mar y los turistas ricos primero y después los propios venecianos hicieron de este lugar un balneario. Aunque no sea el motivo principal por el que se viaja a Venecia, también tiene playas. No son paradisiacas pero son seguras y tienen poca profundidad además en verano un baño se agradece. Las mejores son las privadas de los hoteles de la zona. Las públicas son: Dunas de arena de San Nicolò y Alberoni, Murazzi y Bluemoon.

Durante la visita al Lido se puede ver la **iglesia de Santa Elisabetta,** del siglo XVI, la **Villa Montplaisir,** la iglesia y monasterio benedictino de San Nicolò, el cementerio judío, el **Palazzo del Cinema,** donde se celebra el festival de cine, el **Palazzo del Casino** y, por supuesto, los **hoteles Excelsior** y **Des Bains;** en este último es donde se alojó Thomas Mann.

▲ Mosaico de cristal de Murano.

🚤 LN desde Fondamenta Nuove

Scuola y Museo dei Merletti
✉ Piazza Galuppi 187
☎ 041 730 034
🖥 http://museomerletto.
visitmuve.it
🕐 De 10 h a 16 h. Cierra taquilla media hora antes. Cierra lunes
💶 5 €

San Martino
✉ Piazza Galuppi, 20
☎ 041 730 096
🕐 De 8 h a 12 h y de 15 h a 19 h
💶 Gratis

ℹ Viale Santa Maria Elisabetta 6/a, Lido di Venezia
☎ 041 526 5720
🕐 De jun. a sep. de 9.30 h a 19.30 h
🚤 1 desde San Zaccaria o en las paradas del Gran Canal
🚌 Los autobuses de ACTV salen para todos los destinos desde el Lido

◀ Casas de vivos colores, en Burano, reflejadas en las aguas.

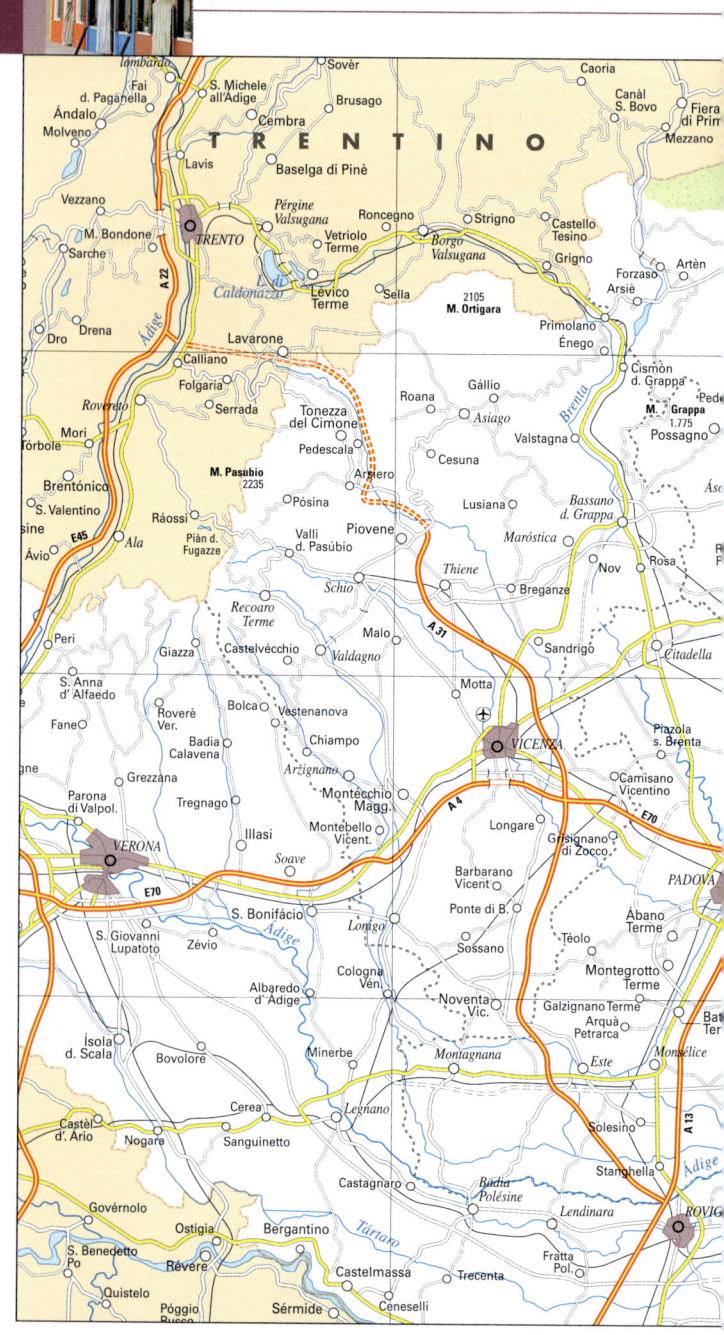

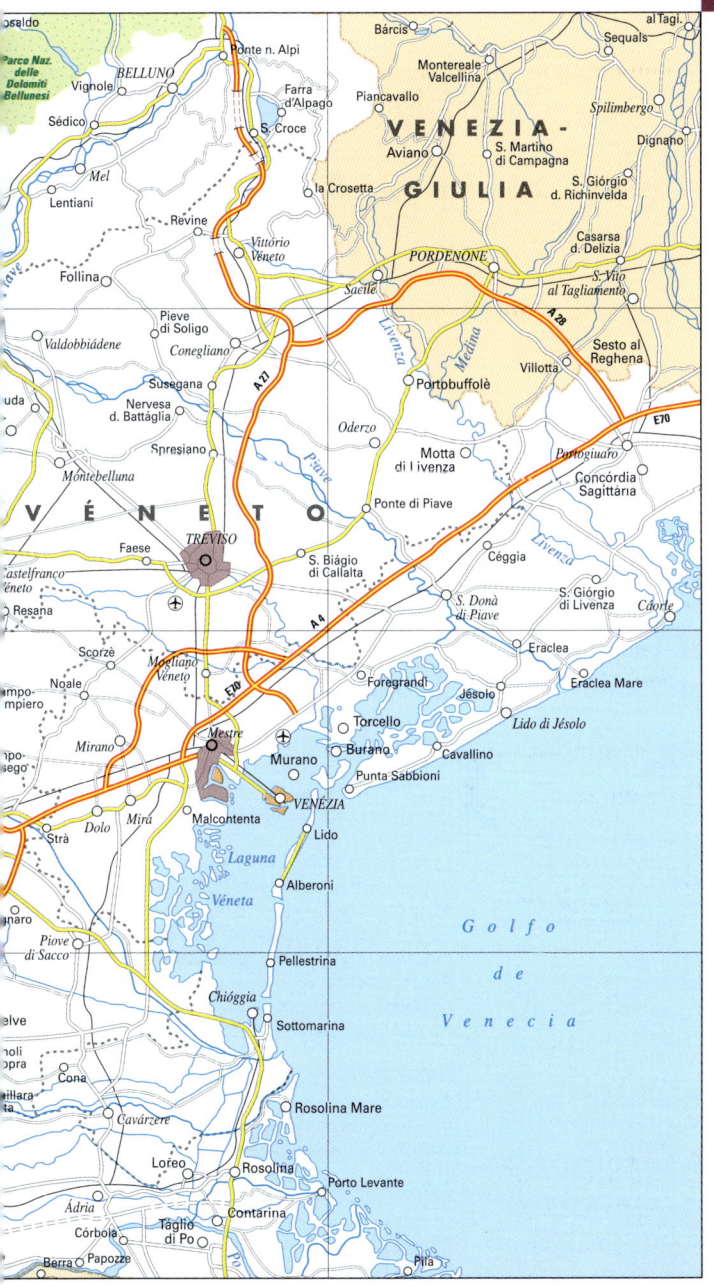

ℤ 41 o DM

Museo del Vetro
✉ Fondamenta Giustinian 8,
  Isola di Murano
☎ 041 243 4914
🖥 http://museovetro.
  visitmuve.it
🕐 De 10 h a 18 h. Cierra 1 h
  antes
🚏 Al Museo
💶 10 €

Santa Maria e Donato
✉ Campo San Donato, 11
☎ 041 739 056
🕐 De lunes a sábado de 9 h a
  18 h; domingo de 12.30 h a
  18 h
🚏 Al Museo
💶 Gratis

☎ 041 528 6863
🖥 www.sanfrancescodel
  deserto.it
🕐 De 9 h a 11 h y de 15 h
  a 17 h. Cierra lunes
🚏 Barco-taxi desde Burano
💶 Donativos

❙ MURANO ✱✱

Al visitar hoy Murano es difícil creer que una vez esta isla fuera un lugar de veraneo en el que había cierta actividad literaria y unas villas maravillosas. Las fábricas de vidrio han conseguido ocupar mucho más espacio del necesario y convertir la isla en el gran comercio del vidrio, al que los turistas acuden a comprar alguna pieza que casi nunca tiene nada que ver con el refinado cristal que se fabricaba en la isla hace tiempo. Sin embargo, es inevitable, hay que visitar esta pequeña Venecia y tratar de descubrir su encanto.

La parada en Murano, además del **Museo del Vetro,** incluye la visita a la **iglesia de Santa Maria e Donato,** la más bonita de la isla tanto por fuera como por dentro, donde se puede ver un espléndido suelo de mosaicos. También es interesante la **iglesia de San Pietro Martire,** en cuyo interior se puede admirar un Bellini, y la **iglesia de Santa Maria degli Angeli,** casi siempre cerrada.

❙ SAN FRANCESCO DEL DESERTO ✱

Toda la isla está ocupada por el monasterio franciscano. Se cuenta que en este lugar estuvo el mismo San Francisco durante su viaje de regreso de Tierra Santa; el símbolo de su presencia en la isla es un árbol que nació donde él apoyó su bastón. Se tiene que coger un barco en Burano para llegar a la isla porque no hay transporte público. Una vez allí un guía franciscano enseña la iglesia, los claustros y el huerto.

◄ Murano.

I SAN LAZZARO DEGLI ARMENI ✶ ✶

Es una isla armenia situada cerca del Lido que se distingue claramente por su cúpula. La isla es un centro de estudio de la cultura armenia en la que viven los monjes que enseñan a los visitantes el monasterio mientras van instruyéndolos sobre aspectos importantes de su historia. El monasterio alberga pinturas armenias y venecianas, entre ellas un Tiépolo. Tiene una interesante colección de objetos de todo tipo y una biblioteca que conserva libros muy valiosos. Y, por supuesto, hay una sala dedicada a Lord Byron, pues aquí estuvo el poeta aprendiendo armenio, cultura por la que se sentía muy atraído. También hay una iglesia, huerto y jardines con pavos reales.

☎ 041 526 0104
🕐 Visita guiada todos los días a las 15.25 h
⬇ 20
💺 Medio

I SAN MICHELE ✶ ✶

Es conocida como la "isla de los muertos". Casi toda la superficie de esta isla está ocupada por el cementerio de Venecia. Las tumbas y los mausoleos están situados entre jardines salpicados de estatuas que no se sabe muy bien cómo definir. En un extremo se halla el recinto evangélico, en el que están las tumbas de Ezra Pound, del premio Nobel Joseph Brodsky, de sir Ashley Clarke, el embajador británico fundador de *Venice in Peril,* y del futbolista argentino Helenio Herrera. En el recinto ortodoxo están el compositor Stravinski y el coreógrafo ruso Diaguilev; en el católico descansa el inglés Frederick Rolfe, conocido como Barón Corvo.

🕐 El cementerio de abr.-sep. de 7.30 h a 18 h, de oct.-mar. de 7.30 h a 16 h
⬇ 41, 42 al Cimitero

▲ Iglesia de San Michele in Isola.

La **iglesia de San Michele in Isola** llama la atención por su blanca fachada de piedra de Istria. El **monasterio,** construido por Mauro Codussi, es uno de los más importantes de la ciudad. El claustro tiene 58 arcos y está formado por columnas de piedra de Istria y de mármol griego. La Capilla Emiliana, de forma hexagonal, es un buen ejemplo de la arquitectura veneciana.

· · · · · · · · ·

🚢 LN desde Fondamente Nuove;
T desde Burano

Basilica di Santa Maria Assunta
✉ Torcello
☎ 041 730 119
🖥 www.veneziaubc.org
🕐 De mar.-oct. de 10.30 h a 17.30 h; nov.-feb. de 10 h a 17 h
🎟 Moderado

Museo del Estuario
✉ Torcello
☎ 041 730 761
🎟 6 €

❙ TORCELLO ★★★

Es difícil imaginar que Torcello, situada en estas marismas en las que apenas queda nada, haya sido el origen de Venecia. Esto y un misterioso encanto es lo que la convierte en una visita obligada.

Esta isla, en la que ni siquiera parece que haya espacio suficiente para alojar a más de 10.000 personas (en el siglo x) y hasta 20.000 en su mejor momento, comenzó a decaer porque el terreno cenagoso sobre el que se halla poco a poco se fue desecando y como consecuencia apareció la malaria. Esto aceleró el crecimiento de Venecia, lugar hacia el que se fueron desplazando sus habitantes.

Al bajar del vaporetto hay que dirigirse hacia la Fondamenta Borgognoni y recorrerla, dejando a un lado el Puente del Diablo, hasta llegar a la plaza. Aquí se localiza la **iglesia de Santa Maria Assunta,** con sus "severos mosaicos místicos", como los definió Henry James (*Virgen con Niño* y *Juicio Final*). Esta basílica del año 638 es el edificio veneciano más antiguo. Merece la pena subir al campanile para admirar la maravillosas vistas de la laguna.

UN PASEO EN BARCO

Recorrido
20 km

Duración
Medio día, hasta las 16 h aproximadamente.

Punto de partida y llegada
Fondamente Nuove, en la parada del vaporetto

Comida
Locanda Cipriani
✉ Piazza Santa Fosca 29, Torcello
☎ 041 730 150
🖥 www.locandacipriani.com
⏰ Cierra martes y en invierno. Desde el 1 de noviembre de 2023 hasta final de abril de 2024 permanecerá cerrado por labores de reestructuración.

▼ Murano.

Las islas de la laguna

❚ De los días que se vaya a permanecer en la ciudad es aconsejable dedicar más de medio día a recorrer alguna de las islas que se han mencionado. La finalidad del recorrido que se propone aquí es llegar a Torcello, una visita imprescindible.

La primera parada se hará en la isla de San Michele donde se encuentra el cementerio. Además de visitarlo, es interesante dar una vuelta por el claustro de la iglesia.

❚ La siguiente isla, muy cerca, casi enfrente de San Michele, es Murano.

En esta isla conviene quedarse unas dos horas para tomar un café, acercarse a las fábricas de vidrio y ver la iglesia de Santa Maria e Donato. Si está abierta, también es aconsejable ver la iglesia do San Pietro Martire con su Bellini.

❚ Se continúa el viaje por la laguna hacia la isla de Burano. En esta isla, nada más bajar del vaporetto, reciben a los visitantes invitándoles a entrar en sus tiendas de maravillosos encajes, pero, una vez superado este trayecto, se llega a la zona de este pintoresco lugar que tanto juego ha dado a la fotografía con los alegres colores de sus casas.

Se puede visitar el Museo de los Encajes y acercarse a la iglesia de San Martino a ver la *Crucifixión* de Tiépolo. Es un buen lugar para comer algo antes de continuar la excursión.

❚ La última isla del viaje es Torcello, uno de los sitios más curiosos de la laguna. Se llega en el barco "T" desde Burano y en el recorrido no hay que olvidarse de admirar el paisaje.

Al llegar a Torcello la primera sensación es de desconcierto, en primer lugar porque uno no sabe hacia dónde dirigirse; pero, una vez situados, y localizado el camino de ladrillos por el que tenemos que caminar, enseguida nos ubicamos; por un lado del camino discurre un canal y al otro lado están los huertos en los que los granados llaman la atención.

❚ En el camino nos encontramos con el Puente del Diablo, y un restaurante con el mismo nombre; también está en el recorrido la Locanda Cipriani, que permanecerá cerrado desde noviembre de 2023 hasta abril de 2024.

Al final se llega al pequeño espacio en el que se concentra todo lo que queda del origen de Venecia: la basílica de Santa Maria Assunta, la iglesia de Santa Fosca, el Museo del Estuario. No conviene regresar hasta que no se haya disfrutado de las vistas de la laguna desde el campanario.

Enfrente de la iglesia se hallan los restos del baptisterio y el trono de Atila. Hay otra iglesia, la de **Santa Fosca,** y el **Museo del Estuario.**

| SAN SERVOLO ✳

Fue monasterio benedictino y convento de monjas benedictinas. En 1725 se convirtió en el asilo de "locos" de familias nobles venecianas. Hoy es un reconocido centro de artes y oficios. Desde 1997 es la Universidad Internacional de Venecia. Del antiguo asilo queda todavía una farmacia, los claustros y la biblioteca.

| OTRAS ISLAS ✳

En la laguna, además de estas islas, que son las más interesantes y las de más fácil acceso, también hay otras que en algún momento fueron lugares importantes para la ciudad.

Le Vignole. La antigua fortaleza que defendía la laguna está en ruinas, pero todavía se puede apreciar su estructura. El acceso es complicado pero es famosa por sus viñedos.

Mazzorbo. Antes fue la isla de los exiliados. Aquí para el barco que hace el recorrido de Venecia a Burano, pero se puede acceder a la isla cruzando el puente de madera que la une con Burano.

Lazzaretto Nuovo. Es el lugar en el que aislaban a los enfermos de peste, luego fue base militar y hoy se quiere convertir en un centro deportivo y de ocio.

Lazzaretto Vecchio. Es una isla situada cerca del Lido, en la que hace tiempo hubo un hospital de apestados, luego fue base militar y albergue. Actualmente es un lugar de recogida de perros perdidos y se quiere convertir también en un gran centro deportivo.

Pellestrina. Está a continuación del Lido y también protege a Venecia de las mareas. Los venecianos se acercan hasta aquí para pasear y tomar algo en este agradable pueblo de pescadores.

Poveglia. Fue residencia de verano de nobles, depósito de municiones y cuartel; también hospicio y asilo de ancianos.

Sant'Erasmo. Isla de agricultores cuyo principal recurso es el cultivo de legumbres. Cuenta con un restaurante y una iglesia.

Santa Maria delle Grazie. Fue parada de los peregrinos que se dirigían a Tierra Santa, luego lugar monástico, después base militar y, por último, hospital de enfermedades infecciosas.

San Clemente. Descanso de peregrinos, lugar elegido por los ermitaños, luego depósito de municiones y hasta refugio del dogo. También fue hospital psiquiátrico hasta el año 1992.

San Zaccaria

◄ Iglesia de Santa Fosca en Torcello.

✉ Piazza Garibaldi 73
☎ 042 352 9046
🚌 No hay autobuses a Asolo. Tren a Bassano del Grappa, autobús a Montebelluna y un servicio lanzadera a Asolo. Más fácil en coche o excursión.

✉ Piazza Garibaldi 34
☎ 042 451 9917
🚌 Desde la estación de ferrocarril de Santa Lucia, en Venecia.

✉ Piazza Duomo 2
☎ 334 281 3222

LO QUE HAY QUE VER EN TIERRA FIRME

❚ ASOLO ★★★

Quizá sea una de las menos conocidas y de las más bonitas ciudades que se pueden ver en un día. Situada a los pies de los Alpes y rodeada de montañas, es un buen sitio para disfrutar de la naturaleza y visitar los lugares de interés que no son pocos en este pueblo de cipreses y villas: un acueducto romano, el duomo, el castillo de la reina situado en la plaza. Cerca de aquí está la Loggia del Capitano, la casa de Gian Francesco Malipiero, el palazzetto de Eleonora Duse y la Rocca.

❚ BASSANO DEL GRAPPA ★★★

Este pueblo medieval situado en las faldas de los Alpes, se conoce sobre todo por la imagen de famoso puente de Palladio, **Ponte degli Alpini,** que siempre aparece en las fotografías. También es conocido por la cerámica y la grappa; aquí se encuentra el edificio de la antigua destilería Nardini.

Durante la visita a la ciudad hay varios sitios que merece la pena visitar: el castillo Ezzelino, el Monte de Pietà; la iglesia de San Giovanni en la Piazza Libertà. En la Piazza Garibaldi se alza la Torre Cívica y la iglesia gótica de San Francesco, en cuyo claustro se halla el **Museo Cívico de Bassano,** que alberga una magnífica colección de vasijas griegas, dibujos y estudios de Canova. También se puede visitar el **Museo della Grappa** y el **Museo della Ceramica,** en el que se exponen delicadas piezas de porcelana y mayólicas.

❚ BELLUNO ★★

Esta ciudad situada ya en los Dolomitas, está un poco más alejada, pero merece la pena para quienes lo elijan como lugar de referencia para salir desde aquí

a disfrutar de la naturaleza se queden unas horas y descubran su encanto. Las vistas desde la Porta Rugo, del siglo XII, y desde el campanile del duomo del siglo XVI son extraordinarias. La **Piazza del Mercato** es la más bonita de la ciudad y en ella está la fuente más antigua. Es agradable dar un paseo por los soportales y admirar los palacios renacentistas.

I CHIOGGIA ★★
Una carretera ha unido este pueblo de pescadores al continente y ha dejado de ser una isla. Se pueden ver todavía edificios de los siglos XIII y XVII, pero lo más importante es el Duomo, con obras de Tiépolo.

I LIDO DI JÉSOLO ★
Es una localidad con una gran infraestructura hotelera y todo tipo de servicios, donde van los jóvenes venecianos para disfrutar de la playa y de su animada vida nocturna.

I MUSEO DEL CALZADO ★★
Este museo ocupa la villa Foscarini Rossi, del siglo XVII, y muestra la tradición del calzado de la ribera del río Brenta hasta hoy.

I PADOVA (PADUA) ★★★
Es una de las ciudades situadas más cerca de Venecia que se pueden visitar en un solo día. Siempre que se organice bien la visita puede resultar muy provechosa, pues es un lugar con muchos monumentos y muy interesantes. Debido a la conocida y prestigiosa universidad, en la que dio clase Galileo, la ciudad está casi siempre animada y se puede disfrutar de un ambiente agradable. La **basílica de San Antonio de Padua** es el lugar de peregrinaje para

⌂ www.provincia.belluno.it
🚉 Desde la estación de ferrocarril de Santa Lucia, en Venecia.

✉ Museo Civico, Fondamenta San Francesco, Campo Marconi 1
🚌 Desde Piazzale Roma.
⛴ 11 desde el Lido.

⛴ autobús y después barco.

✉ Via Doge Pisani 1/2 30039 Stra-Venecia
⌂ museodellacalzatura.it

▲ *Anunciación de Santa Ana* y *Alegoría de la Justicia*, pinturas de Giotto en la capilla de los Scrovegni, en Padua.

◄ Villa Scotti-Pasini en Asolo.

Padova (Padua)
- ✉ Pizzale della Stazione 🌐 049 520 7415; Galleria Pedrocchi 🌐 049 520 7415
- 💻 www.turismopadova.it
- 🚌 Desde la estación de ferrocarril de Santa Lucia, en Venecia.
- 🚎 53E

- 🚌 Desde la estación de ferrocarril de Santa Lucia, en Venecia, hasta Bassano del Grappa y después en autobús a Possagno (1 hora).

Treviso
- ✉ Piazza Borsa 4
- ☎ 042 259 5790
- 💻 www.visittreviso.it
- 🚌 Desde la estación de ferrocarril de Santa Lucía, en Venecia.
- 🚎 8E

Trieste
- ✉ Piazza Unità d'Italia 4B
- ☎ 040 347 8312
- 💻 www.turismofvg.it/Locality/ Trieste
- 🚌 Desde la estación de ferrocarril de Santa Lucía, en Venecia.
- 🚎 3, 6, 57, 66

Verona
- ✉ Via Leoncino 61 (Palazzo Barbieri)
- ☎ 045 806 8680
- 💻 www.visitverona.it
- 🚌 Desde la estación de ferrocarril de Santa Lucía, en Venecia.

las personas que desean pedir ayuda o agradecerle. Suele estar llena de gente, pero es tan grande que todo el mundo consigue al final pasar la mano por la tumba de San Antonio y pedir el deseo correspondiente. Pero quizá lo más impresionante de todo lo que se puede ver en esta ciudad sea la **Capilla Scrovegni** o Capilla de la Arena, en la que se puede disfrutar viendo los maravillosos frescos del Giotto.

El **Jardín Botánico** de Padua, fundado en 1545, es uno de los más importantes, pues gracias a él han podido avanzar muchas de las disciplinas científicas actuales (botánica, ecología, farmacia, etc.), y también merece una visita. Antes de regresar a Venecia se puede pasar por el Café Pedrocchi a tomar algo.

❙ POSSAGNO ✱
Quien esté interesado en la obra de Antonio Canova, uno de los más importantes escultores neoclásicos, debe ir a esta ciudad y visitar la casa de este artista, que hoy es un museo dedicado exclusivamente a su obra. La iglesia que regaló a su ciudad alberga su tumba. Sin embargo su corazón se conserva en Venecia, en la pirámide que sirvió de homenaje a Tiziano y que se encuentra en los Frari.

❙ TREVISO ✱✱
Treviso es una ciudad amurallada situada a treinta minutos de Venecia en tren. Es un placer pasear por sus antiguas calles, en las que también hay canales, algunos con ruedas de molinos que todavía funcionan, y se respira una tranquilidad en toda la ciudad que apetece quedarse algún día más. La **Piazza dei Signori** es la más elegante de la ciudad y aquí se halla la **iglesia de Santa Lucia** en la que se pueden ver los frescos del siglo XIV de Tommaso da Modena. La **iglesia de San Nicolò** es un buen ejemplo de la arquitectura gótica italiana y tiene frescos de Modena en las columnas y obras de Lorenzo Lotto y otros. En la catedral hay un retablo de Tiziano y un baptisterio del siglo XI.

Una de las visitas más interesantes es el **Museo de Santa Caterina,** iglesia y convento que ha sido restaurado para albergar el **Museo Cívico** en el que se puede ver pintura y la colección arqueológica. Los frescos de la vida de *Santa Úrsula* de Tommaso da Modena han sido restaurados y conviene visitarlos.

❙ TRIESTE
La ciudad de Trieste está un poco más alejada y quizá sea aconsejable dedicarle por lo menos un día más para averiguar lo que resultaba tan atracti-

vo a escritores como Stendhal, Rilke o Joyce, para recordar a otros que nacieron aquí y frecuentaron sus cafés, como Italo Svevo y Umberto Saba, y para admirar a Claudio Magris, que nació en Trieste.

Sus vidas y sus obras están ligadas a los cafés de la ciudad, por los que antes o después pasaron todos ellos. El **Café San Marco,** tan bien descrito por Magris en su *Microcosmos,* es una visita obligada; no es tan elegante como el **Tommaseo** o el **Caffè degli Specchi,** pero resulta tan acogedor que siempre se desea volver. La pasión por el café en Trieste es tal que funciona también en la ciudad la **Galería Illy,** dedicada a enseñar la cultura del café y organizar variados eventos culturales.

La ciudad está situada a orillas del mar Adriático, y desde un muelle, llamado **Molo Audace,** se ve el mar a un lado, más azul que desde ningún otro sitio, y la ciudad al otro. Es uno de los paseos más curiosos que puede hacerse, pues alcanza el límite entre el agua y la tierra y un paso más significaría caer al mar. El **castillo de San Justo,** la catedral medieval y algunas ruinas romanas sobreviven en el casco viejo de la ciudad, una zona que se está recuperando poco a poco y en la que ya hay algún hotel con encanto y acogedores restaurantes.

▌ VERONA ★★★

Gracias a Shakespeare y su *Romeo y Julieta* todo el mundo conoce Verona; aunque también los amantes de la ópera la conocen por el magnífico anfiteatro, la **Arena,** en la que se representan óperas todos los años. En verano, durante la temporada de ópera, resulta casi imposible caminar por el centro histórico debido a la afluencia de visitantes.

Uno de los edificios más importantes de la ciudad es la **iglesia** románica **de San Zeno Maggiore,** que tiene una cubierta en forma de quilla de barco y en su interior se conserva un retablo de Mantegna. La **Piazza dei Signori,** donde se encuentra el Palazzo del Comune, y la agradable **Piazza delle Erbe,** en la que hay un mercado muy entretenido, son las principales plazas.

En el paseo por la ciudad será difícil no ser arrastrado hasta la **Casa de Giulietta,** cerca del Piazza delle Erbe, donde, según la leyenda, hay que tocar el pecho de la estatua para ser afortunado en amores.

La poderosa familia Scaligeri, que gobernó la ciudad entre 1260 y 1387, es recordada por un **puente** del siglo XIV que conduce al **Castelvecchio** y por las **Arche Scaligere,** sus suntosos monumentos funerarios.

▲▼ De arriba abajo, calle de Treviso, ayuntamiento de Trieste y balcón y estatua de Julieta, en Verona.

- Piazza Matteotti 12
- 044 432 0854
- www.vicenzae.org
- Desde la estación de ferrocarril de Santa Lucia, en Venecia

▌ VICENZA ★★★

Esta agradable ciudad, situada a pocos kilómetros de Padua, con maravillosos edificios renacentistas, es el lugar visitado por los admiradores de la obra del arquitecto Andrea Palladio. Casi todos los monumentos dignos de ser visitados en Vicenza han sido tocados por la mano de Palladio: la **basílica** de la piazza dei Signori; la tribuna renacentista, el ático y la cúpula del **Duomo;** el particular **Teatro Olímpico,** construido con madera y estuco, y varias casas del Corso Andrea Palladio, calle por la que conviene dar un paseo para admirar los magníficos edificios.

Muchas personas se acercan hasta Vicenza para disfrutar de las famosas villas palladianas. Otros lugares que se pueden visitar en esta ciudad son el **Museo Cívico,** también del arquitecto, situado en el Palacio Chiericati, que tiene una excelente colección paleoetnológica y arqueológica, además de la pinacoteca con obras del Renacimiento y pintura veneciana de artistas como Tintoretto, Carpaccio o Piazetta; las iglesias góticas de Santa Corona, de San Lorenzo y de Santo Stefano, y algunos edificios en Contrà Porti.

▼ Villa Capra "La Rotonda", en Vicenza.

UN PASEO EN BARCO

Por el Brenta

▮ El barco recorre la riviera del Brenta y va haciendo paradas en algunas de las magníficas villas que se encuentran en su camino, casas de campo que los nobles venecianos mandaron construir para pasar sus veranos fuera de la ciudad.

Desde Venecia, el primer lugar en el que se detiene es en la **Villa Foscari Malcontenta,** construida por encargo de Nicola y Alvise Foscari por Palladio, quien la elevó colocando la planta principal encima de un zócalo para evitar los problemas que pudieran surgir de las inundaciones del río.

▲ Villa Pisani y Villa Valmarana (a la derecha).

Info
www.ilburchiello.it
☎ 049 876 0233
🕐 De marzo a octubre.
El recorrido puede comenzar en Venecia o en Padua y la vuelta es en autobús.

▮ Después de esta visita, il burchiello sigue su camino y a un lado y otro se pueden ver otras villas hasta llegar a Origo para comer y descansar un rato.

La siguiente parada es la **Villa Barchesa Valmarana,** que fue comprada por la familia Valmarana a la familia Valier. La parte central fue destruida a principios del siglo xx por negarse a pagar los impuestos. La villa está decorada por frescos de Michelangelo Schiavoni.
Justo enfrente de la Valmarana se halla la **Villa Widman,** que pertenecía a los Serimann, una noble familia veneciana; luego fue adquirida por la familia Widman, quien le dio el aspecto actual remodelándola según el estilo rococó francés.

▮ Continúa el barco su lento recorrido que permite ir admirando el agradable paisaje y entreteniéndose con las esclusas, que superan desniveles de agua de hasta 10 m, y con los puentes giratorios que aparecen a lo largo del paseo.

La última villa es la espectacular **Villa Pisani,** que alberga un Museo Nacional. La familia Pisani mandó construirla para celebrar el nombramiento del dogo Alvise Pisani y demostrar su esplendor. En 1807 la compró Napoleón. En los inmensos jardines que posee hay un laberinto que lleva a una torre desde la que se puede disfrutar de unas maravillosas vistas.

GASTRONOMÍA

Se podría realizar un viaje por Italia única y exclusivamente para conocer su exquisita gastronomía ya que es extremadamente variada, puesto que cada región posee sus propias tradiciones culinarias, incluso Venecia cuenta con su propio recetario. Como es una ciudad flotante su cocina está compuesta de productos del mar y de la tierra.

▌Desayuno y almuerzo

El desayuno italiano es bastante ligero, y consiste en un capuchino, algún tipo de dulce como *brioche* o *croissant,* o simplemente un *espresso.* La hora escogida por los italianos es la franja que va desde las siete y las diez de la mañana. El almuerzo, entre las 12 y las 14 horas, es la comida principal. Un menú

► De izquierda a derecha, pizza al horno de leña, spaghetti all'amatriciana, gnocchi y tiramisú.

tipo consta de los siguientes platos: l'*antipasto,* entremeses fríos y calientes, mariscos o ensaladas; il *primo,* un plato caliente como pasta, *risotto, gnocchi,* polenta o sopa; il secondo, plato principal compuesto por carne o pescado; il *contorno,* la guarnición, que consiste en verduras o ensalada y il *dolce,* el postre, que es generalmente pastelero. La cena se sirve alrededor de las ocho de la tarde, cuando los comercios y oficinas ya han cerrado. Los restaurantes dejan de servir alrededor de las doce de la noche.

Entremeses (l´antipasto)

Para este menester, los italianos escogen embutidos (salchichón, panceta...), pescado (sardinas en escabeche), verduras (*bruschetta* –pan tostado con ajo, aceite de oliva y tomate–), *pomodori secchi* –tomates secos– y *sottoaceti* –conservas de verduras en vinagre.

Primer plato (il primo)

Existe una gran variedad de primeros platos –muchos de ellos vegetarianos– ya que la pasta, los *gnocchis* y el *risotto* se elaboran de muchas formas. En invierno, en el norte se degusta un buen cocido.

Segundo plato (il secondo)

Compuesto de carne, pescado o setas, resulta cada vez más frecuente encontrar platos vegetarianos y de queso.

Guarnición (il contorno)

Espárragos blancos, verduras a la plancha, alcachofas o los típicos cardos del Piamonte.

Café

Entre las variedades más populares se encuentran el espresso, el capuchino, el macchiato, latte, moccacino, con chocolate; corretto, un espresso con licor, y el marocchino, un pequeño capuchino.

Platos venecianos

Los pescados y mariscos son la base de sus platos y en sus huertos insulares se cultivan exquisitas hortalizas como las alcachofas de la isla de Sant'Erasmo, calabazas, espárragos, escarolas, alubias y guisantes. El bacalao mantecado, es un aperitivo clásico veneciano, igual que la sepia preparada a la veneciana y el queso Morlacco del Grappa. Estos entrantes suelen ir acompañados de verduras del estuario. La cultura del aperitivo está muy arraigada en Venecia, igual que en el resto de Italia. La tapa allí se conocen como *cichetti, y* en Venecia hay *cicchetterias* en las que se puede almorzar solo comiendo estos pinchos y bebiendo *spritz* (una bebida con Aperol, Prosecco y soda), un maridaje muy de la zona. Como platos principales venecianos sobresalen los cangrejos *moeche* (se pescan cuando están mudando de caparazón, luego la concha es muy fina), la gallina padovana, *oca in onto, agnello d'Alpago,* pasta y judías, gambas con polenta, *carne in tecia* (carne de vacuno estofada) y *risi e bisi,* un plato de arroz, queso rallado y guisantes.

Dónde...

Comer y beber

Aciugheta Enoteca (M)
Renovado, es un espacio que comparten turistas y venecianos que quieren degustar un buen vino y también las riquísimas *pizzette dell' aciugheta*, características de este lugar. Tiene una amplia oferta de quesos.
- ✉ Campo San filippo e Giacomo, Castello 4359
- ☎ 041 522 4292
- 🖳 www.aciugheta.com
- 🕐 Comida, cena
- ⚓ San Zaccaria

Ai 40 ladroni (E-M)
Un auténtico bar veneciano en el que se ofrecen platos típicos como el *baccalà mantecato* hecho en casa.
- ✉ Fondamenta della Sensa, Cannaregio 3253
- ☎ 041 715 736
- 🕐 Comida, cena Cierra el lunes
- ⚓ San Alvise

Ai Sportivi (E)
Pizzería a precios muy asequibles en una de las zonas más animadas de Venecia en la que casi siempre se encuentra una mesa para poder comer pasta, pizza y gran variedad de ensaladas con buen vino.
- ✉ Campo Santa Marguerita, Dorsoduro 3052
- ☎ 041 521 1598
- 🕐 Comida, cena. Cierra el domingo
- ⚓ Ca'Rezzonico

Ai Laguna Libre (M-C)
Una eco hostería en el barrio de Cannaregio. Entre los platos de la cara se puede encontrar los mejillones a la pimienta, la pasta casera bigoli y el tiramisú de la casa. Vinos de cultivos orgánicos. Ofrece música en vivo.
- ✉ Fondamenta di Cannaregio 969
- ☎ 041 244 0031
- 🖳 www.lagunalibre.it
- 🕐 Comida, cena

Precios

E: Económico (menos de 25 €)

M: Moderado (entre 25 € y 50 €)

C: Caro (más de 50 €)

En la factura suele ir incluido el servicio (entre un 10 y un 15 %), pero si se deja propina, se lo agradecerán.

Horarios

Consultar horario de los restaurantes y comprobar que están abiertos, pues en vacaciones es posible que alguno cierre, en Navidad y el mes de agosto puede haber sorpresas. Vaya paseando hasta el restaurante o llame por teléfono para asegurarse.

Al Bacareto (M)

Si se acerca a la zona del Palazzo Grassi, este es un buen local para entrar a tomar algo típicamente veneciano. Tiene una bonita terraza.

- ✉ San Marco,
  San Samuele 3447
- ☎ 041 528 9336
- 🖱 https://bacareto.it
- 🕐 Comida, cena. Cierra dom
- 🚤 San Samuele

Al Gatto Nero (M-C)

En la bonita isla de colores se halla esta trattoria que ofrece un pescado fresquísimo y tiene una magnífica carta de vinos.

- ✉ Fondamenta della
  Giudecca, Burano 88
- ☎ 041 730 120
- 🖱 www.gattonero.com
- 🕐 Comida, cena. Cierra lun
- 🚤 Burano LN

Al Giardinetto Da Severino (M)

Especialidades de la cocina típica veneciana como las *sarde in saor* y los *bigoli in salsa*. Tiene una buena carta de vinos friulanos.

- ✉ Ruga Giuffa, Castello 4928
- ☎ 041 528 5332
- 🖱 www.algiardinetto.it
- 🕐 Comida, cena. Cierra jue
- 🚤 San Zaccaria

Al Mascaron (E-C)

Bar y *trattoria* con *cicheti* y menús venecianos. Conviene reservar.

- ✉ Calle Lunga Santa Maria
  Formosa, Castello 5225
- ☎ 041 522 5995
- 🖱 www.osteriamascaron.it
- 🕐 Comida, cena. Cierra dom
- 🚤 San Zaccaria

Al Profeta (E)

Enfrente del cementerio de San Michele, es frecuentado por venecianos y la gente que espera el vaporetto.

- ✉ Calle Lunga de San
  Barnaba, Dorsoduro 2671
- ☎ 041 523 7466
- 🕐 Comidas, cenas. Cierra lunes
- 🚤 Ca' Rezzonico

Al Volto (M)

Es una enoteca en la que se puede tomar algo en la barra o sentarse en el comedor a disfrutar de un plato de pasta y un buen vino.

- ✉ Calle Cavalli, San Marcos
  4081
- ☎ 041 522 8945
- 🕐 Comida, cena
- 🚤 Rialto

Alla Fontana (M)

Es una trattoria que tiene en su carta exquisitos platos de la cocina tradicional veneciana, entre los cuales destacan sin lugar a dudas sus espaguetis con sepia y polenta.

- ✉ Fondamenta Cannaregio,
  Cannaregio 1102
- ☎ 041 715 077
- 🕐 Comida, cena. Cierra el
  domingo
- 🚤 Ponte delle Guglie

Alla Maddalena (M)

Situado en la isla de Mazzorbo, es un famoso lugar al que muchos venecianos van a pasar el domingo.

- ✉ Mazzorbo 7/B, Mazzorbo
- ☎ 041 730 151
- 🖱 www.trattoria
  maddalena.com
- 🕐 Cierra jueves
- 🚤 Mazzorbo LN

Alla Madonna (C)

Un restaurante que nunca falla. Es bastante grande y se puede ir sin reservar. El risotto de pescado está delicioso.

- ✉ Calle della Madonna,
  San Polo 594
- ☎ 041 522 3824 (no reserva)
- 🖱 www.ristorante
  allamadonna.com
- 🕐 Comida, cena. Cierra miér
- 🚤 Rialto

Alla Terrassa del Danieli (C)

Se come muy bien y se puede disfrutar de una fantástica vista. Su cocina es una muestra del intercambio cultural y de sabores entre Oriente y Occidente.

- ✉ Riva degli Schiavoni,
  Castello 4196
- ☎ 041 522 6480
- 🕐 Comida, cena

Alla Trattoria da Scarso (E)

Ocupa un edificio de 1400, entre el mar y la laguna. Cuenta con un pequeño jardín. En este sencillo restaurante se prepara lo que proviene del entorno: el bacalao mantecado o la sepia, acompañados de alguna de las verduras del estuario, como el radicchio o la alcachofa violeta de San Erasmo.

- ✉ Malamocco 5
- ☎ 041 770 834
- 🖱 www.trattoria
  dascarso.it
- 🕐 Comida, cena. Cierra el
  martes

Alla Vecia Cavana (C)

Se encuentra situado en un edificio muy bien restaurado que resulta bastante elegante. Tiene una buena carta de platos venecianos y de vinos.

- ✉ Rio Terà SS. Apostoli,
  Cannaregio 4624
- ☎ 041 523 8644
- 🖱 https://marsillifamiglia.it
- 🕐 Comida, cena
- 🚤 Ca' D'Oro, Rialto

Los *bacari*

Aunque cuando se ha caminado durante todo el día, sin parar apenas para comer, lo único que apetece es sentarse a una mesa y disfrutar de una cena agradable, merece la pena tomar algo en algunos de los *bacari* que hay en la ciudad. La zona con más ambiente es la que se encuentra entre el Rialto y San Polo.

Alla Zucca (E-M)

Famosa por su deliciosa cocina. Platos vegetarianos muy buenos. Conviene reservar.

- ✉ Ponte del Megio, Calle del Tintor, Santa Croce 1762
- ☎ 041 524 1570
- 🕐 Comida, cena. Cierra domingo
- 🌐 www.lazucca.it
- 🚤 San Stae

Altanella (C)

Un restaurante en la tranquila Giudecca, con una pequeña terraza que da al canal. Sin reserva es casi imposible cenar o comer en este agradable local en el que se dice que comía Mitterrand cuando visitaba Venecia. Merece la pena hacer una parada aquí.

- ✉ Calle delle Erbe, Giudecca 268
- ☎ 041 522 7780
- 🕐 Comida, cena. Cierra lun, mart y 2 semanas en agosto
- 🚤 Palanca

Allez Testiere (C)

Pequeño y famoso local con muy buenos platos en los que se combinan la cocina tradicional con la creativa.

- ✉ Calle del Mondo Nuovo, Castello 5801
- ☎ 041 522 7220
- 🌐 www.osterialletestiere.it
- 🕐 Comida, cena. Cierra lun, mar y ago
- 🚤 Rialto

Anice Stellato (M)

Una de las osterías más recomendadas en Venecia con una buena carta en la que se incluye algún plato de cocina creativa como el carpaccio de atún a las hierbas.

- ✉ Fondamenta de la Sensa, 3272 Cannaregio
- ☎ 041 720 744
- 🌐 www.osterianices tellato.com
- 🕐 Comida, cena. Cierra lun y mar
- 🚤 Sant'Alvise

Antica Bessetta (M-C)

Es conocido por sus platos de pescado y por su larga lista de vinos.

- ✉ Salizada de Ca' Zusto, Santa Croce 1395
- ☎ 041 721 687
- 🌐 www.ristoranteantica besseta.it
- 🕐 Comida, cena. Cierra mar y miér al mediodía
- 🚤 Ferrovia

Antica Locanda Montin (C)

Su conocido jardín ha salido en más de una película. La comida es exquisita y los camareros muy atentos.

- ✉ Fondamenta Borgo, Dorsoduro 1147
- ☎ 041 522 7151
- 🌐 www.locandamontin.com
- 🕐 Cena. También comida fines de semana. Cierra los lunes y martes
- 🚤 Zattere

Antica Mola (M)

Magnífica comida veneciana. Está frecuentado por

venecianos, sobre todo porque ellos saben con cuánto tiempo hay que reservar, a veces debe hacerlo incluso con más de un día de antelación.

- ✉ Fondamenta dei Ormesini, Cannaregio 2800
- ☎ 041 717 492
- 🕐 Comida, cena. Cierra ago
- 🚤 San Marcuola

Antica Osteria Ruga Rialto (M)

Es un local lleno de venecianos habituales donde se puede degustar casi todos los platos típicos venecianos en la barra o bien en el comedor. También tiene una gran variedad de vinos.

- ✉ Ruga Rialto, San Polo 692
- ☎ 041 521 1243
- 🕐 Comida, cena
- 🚤 Rialto

Antiche Carampane (C)

Un lugar al que hay que saber llegar que ofrece una correcta cocina veneciana tradicional con sugerentes toques creativos. Frecuentado sobre todo por los venecianos.

- ✉ Rio Terrà Carampane, San Polo 1911
- ☎ 041 524 0165
- 🌐 www.antiche carampane.com
- 🕐 Comida, cena. Cierra domingo y lunes
- 🚤 San Silvestro

Antico Dolo (E)

Osteria veneciana situada en una antigua *tripperia* (tienda en la que se venden callos) por lo que la *tripa rissa* es uno de sus platos fuertes. Además, tiene una gran variedad de platos típicos y una buena selección de vinos del Véneto.

- ✉ Ruga Vecchia, San Polo 778
- ☎ 041 522 6546
- 🌐 www.anticodolo.it
- 🕐 Comida, cena. Cierra mar
- 🚤 Rialto

Bares de gondoleros

Ver un gondolero en un restaurante o en un *bacaro* es una garantía: sin duda, ahí se come bien. Aunque es probable que no le traten a usted de la misma manera, intente disfrutar de la comida y dejar que le traten como a un turista inocente; a veces merece la pena.

Antico Martini (C)

Un elegante restaurante que está situado en la misma zona en la que se encuentran las tiendas más caras de Venecia. Una buena carta de vinos y platos exquisitos en un magnífico ambiente para quien se los pueda permitir.
- ✉ Campo Teatro Fenice 2007
- ☎ 041 522 4121
- 🖰 www.antico martini.it
- 🕔 Comida, cena
- Ⓥ Giglio

Bancogiro (M-C)

Aunque por su situación, en pleno Rialto, pudiera parecer el típico local nuevo para turistas, en realidad es uno de los antiguos almacenes del Rialto. Ofrece platos típicos de la laguna muy bien presentados y también del resto de Italia.
- ✉ Campo San Giacometto, San Polo 122
- ☎ 041 523 2061
- 🖰 www.osteria bancogiro.it
- 🕔 Comida, cena. Cierra lun
- Ⓥ Rialto

Busa alla Torre (M)

Muy popular en toda la isla de Murano. Destacan sus platos de pescado.

- ✉ Campo Santo Stefano, Murano 3
- ☎ 041 739 662
- 🕔 Solo comidas
- Ⓥ Murano 41, 42

Ca d'Oro Alla Vedova (M)

Una osteria histórica y de gran fama que ofrece una gran variedad de *antipasti*. Cocina imaginativa. Buenos quesos y buena calidad en los vinos nacionales.
- ✉ Ramo Ca' d'Oro, Cannaregio 3912
- ☎ 041 528 5324
- 🕔 Comida, cena. Cierra jueves
- Ⓥ Ca' d'Oro

Casin dei Nobili (M)

El restaurante del hotel tiene una gran variedad de platos venecianos y buena carta de vinos. El jardín es muy agradable en verano. Muy recomendable comer allí.
- ✉ Campo San Barnaba, Dorsoduro 2765

- ☎ 041 098 6262
- 🕔 Comida, cena. Cierra jueves
- Ⓥ Ca' Rezzonico

Cicchetteria Venexiana da Luca e Fred (M)

Para los venecianos este lugar es un punto de referencia gastronómica, con una carta que ofrece gran variedad de *cicchetti* y platos tradicionales.
- ✉ San Leonardo, Cannaregio 1518
- ☎ 041 716 170
- 🖰 www.dalucaefred.com
- 🕔 Comida, cena. Cierra martes
- Ⓥ Ponte delle Guglie

Corte Sconta (C)

Es un restaurante muy frecuentado por los venecianos por sus exquisitos platos de pescado y sus buenos vinos. Comida de gran calidad.
- ✉ Calle di Pestrin, Castello 3886

041 522 7024
www.cortescontave.com
Comida, cena.
Cierra domingo y lunes
Arsenale

Da Alberto (M)
Restaurante de comida tradicional veneciana y con gran variedad de *cichetti*. Es un lugar muy solicitado, por lo que conviene reservar.
Calle Giacinto Gallina, Cannaregio 5401
041 523 8153
www.osteriada alberto.it
Todos los días, comida, cena. Cierra de mediados de julio a agosto
Fondamenta Nuove

Da Codroma (E)
Es un bar muy animado que dispone de grandes mesas y bancos corridos y casi siempre hay que compartir mesa. Es muy antiguo y ha conseguido mantener su atractivo aspecto original.
Fondamenta Briati, Dorsoduro 2540
041 524 6789
Comida, cena. Cierra domingo y lunes
Ca' Rezzonico, San Basilio

Trattoria Da Ignazio (M-C)
Un restaurante con un patio interior que sirve comida tradicional italiana. El servicio es bueno y rápido. Este local era frecuentado por Peggy Guggenheim.
Calle dei Saoneri, San Polo 2749
041 523 4852
www.trattoriada ignazio.com
Comida, cena. Cierra sáb
San Tomà

Osteria Da Pampo (M-C)
Su trayectoria familiar es un buen reclamo para acercarse a disfrutar de una buena comida acompañada de buenos vinos.
Calle General Chinotto, Castello 24
041 520 8419
www.osteriadapampo.com
Comida, cena. Cierra mart
Sant'Elena

Da Pinto (M)
Uno de los miles de locales que hay en la zona del Rialto donde poder tomar sepia, bacalao o calamares acompañados de un buen vino.
Campo delle Becarie, San Polo 367
041 522 4599
www.ristorantevini dapinto.it
Comida. Cierra lunes
Rialto

Da Poggi (M-C)
Platos exquisitos de la laguna. Muy recomendables los *tagliolini ai tartufi di mare*, las gambas con espárragos o la lubina al pimiento verde, todo ello acompañado de ricos vinos.
Rio Terà Maddalena, Cannaregio 2103
041 458 4302
Comida, cena
San Marcuola

Da Remigio (M)
Un lugar muy agradable con exquisita cocina. Muy buen servicio. Es necesario reservar porque siempre está lleno.
Salizzada dei Greci, Castello 3416
041 523 0089
Comida, cena. Cierra lun cena, mié, ene y 2 sem en jul o ago
San Zaccaria

Dalla Marisa (M)
Es toda una institución en Venecia. La comida tradicional es insuperable. No se puede ir sin reserva.
Fondamenta San Giobbe, Cannaregio 652/b
041 720 211
Comida. Cierra las tardes de lunes, miércoles y domingo
Ponte dei Tre Archi

Do Mori (M-C)
Es el bar más antiguo de la ciudad de Venecia; se dice que está abierto desde 1464. Merece la pena acercarse a tomar *cicchetti* acompañados de buenos vinos.
Calle do Mori, San Polo 429
041 522 5401
Comida. Cierra domingo
Rialto

Do Forni (C)
Un local situado en la zona más turística al que también acuden los venecianos. Ofrece buena comida tradicional y buenos vinos.
Calle dei Specchieri, San Marco 468
041 523 2148
www.doforni.it
Comida, cena
Vallaresso (San Marco)

Dona Onesta (E)
Restaurante muy frecuentado gracias a su rica cocina veneciana de gran calidad. Está siempre lleno. Es casi imposible comer sin reserva.
Calle della Dona Onesta, Dorsoduro 3922
041 872 7687
Comida, cena.
Cierra miércoles
San Tomà

Jardines, terrazas y plataformas en el agua

En casi todos los restaurantes de Venecia existe la posibilidad de comer fuera, en verano, cuando el tiempo acompaña, y algunos años en otoño, donde los clientes se pueden acomodar en sus terrazas o en sus agradables y frescos jardines situados en el interior del edificio. Pero quizá sean las plataformas en el agua lo más sorprendente. Resulta muy agradable comer o cenar alguna vez en las mesas de las plataformas de alguno de los restaurantes que hay en las Zattere.

Florian (C)

Es el café más elegante de la plaza de San Marcos, por donde tarde o temprano tendrá que pasar. De estilo neobarroco. Sentarse en una de sus salas decoradas de manera exquisita es un capricho que merece muchísimo la pena.

- ✉ Piazza San Marco, San Marco 57
- ☎ 041 520 5641
- 🖥 https://caffeflorian.com
- 🕐 Cafés, té y aperitivos hasta medianoche. Abierto todos los días. Cierra dic-feb.
- 🚤 Vallaresso (San Marco)

Graspo de Ua (C)

Un local histórico veneciano abierto en 1855. El ménú presenta una gran variedad de platos típicos venecianos de calidad. Estupenda carta de vinos.

- ✉ Calle dei Bombasseri, San Marcos, 5094/a
- ☎ 041 098 8030
- 🕐 Comida, cena. Cierra lun
- 🚤 Rialto

Harry's Bar (C)

Un local frecuentado por americanos abierto por la familia Cipriani, toda una institución en la ciudad. Buena comida y buenos vinos. Es famoso su cóctel *Bellini*.

- ✉ Calle Vallaresso, San Marco 1323
- ☎ 041 528 5777
- 🖥 www.cipriani.com
- 🕐 Comida, cena
- 🚤 Vallaresso (San Marco)

Harry's Dolci (C)

Uno de los restaurantes más elegantes que hay en la Giudecca, de los mismos dueños que el Harry's Bar.

- ✉ Fondamenta San Biagio, Giudecca 773
- ☎ 041 522 4844
- 🖥 www.cipriani.com
- 🕐 Comida, cena. Cierra mar. y nov.-abr.
- 🚤 Palanca

Il Refolo (M)

Un lugar muy agradable, sobre todo en verano, cuando se puede comer en su terraza al lado del canal.

- ✉ Campo San Giacomo dell'Olio, Santa Croce 1459
- ☎ 041 524 0016
- 🕐 Comida, cena. Cierra lun. y mar. a mediodía y nov.-mar.
- 🚤 San Stae

Il Ridotto (C)

Este es un restaurante de cocina creativa en el que además es todo un espectáculo ver los platos que los camareros hacen circular por el local y que de paso sirven de reclamo. Elegante y lujoso.

- ✉ Campo Santi Filippo e Giacomo, Castello 4509
- ☎ 041 520 8280
- 🖥 www.ilridotto.com
- 🕐 Comida y cena. Cierra miér. todo el día y martes y jueves a mediodía
- 🚤 San Zaccaria

La Colonna (M-C)

Es uno de los restaurantes venecianos en los que se ofrecen platos que mez-

clan la comida tradicional con la creativa.

- ✉ Campiello del Pestrin, Cannaregio 5329
- ☎ 041 522 9641
- 🏠 www.lacolonna ristorante.com
- 🕐 Comida, cena. Cierra mié. y 2 sem. en ago.
- Ⓜ San Tomà

Fratelli La Bufala Mestre (M-C)

Acogedora *trattoria* en la que le agradecerán que reserve. El personal es muy atento y la cocina típicamente veneciana destaca por su amplia oferta de pescado. Buena oferta de vinos blancos y tintos de los mejores productores del Véneto y del Friuli.

- ✉ Via Vino Allegri 20
- ☎ 041 970 466
- 🏠 www.fratellilabufala.com
- 🕐 Comida, cena. Cierra domingo y lunes
- Ⓜ En Mestre

Lineadombra (C)

Situado cerca de la Punta della Dogana, enfrente del canal de la Giudecca, es uno de los lugares más refinados y modernos. Conviene reservar.

- ✉ Fondamenta delle Zattere, Dorsoduro 19
- ☎ 041 241 1881
- 🏠 www.ristorante lineadombra.com
- 🕐 Comida, cena
- Ⓜ Accademia

Locanda Cipriani (C)

Restaurante con comida exquisita abierto también por los Cipriani en esta isla a la que todo turista debería acercarse. Una buena elección si se va a pasar el día a Torcello. De noviembre de 2023 a mayo de 2024 permanecerá cerrado por labores de reestructuración.

- ✉ Piazza Sta. Fosca, Torcello 29
- ☎ 041 730 150
- 🏠 www.locandacipriani.com
- 🕐 Comida, cena. Cierra mar., ene. y feb.
- Ⓜ Torcello LN

Marco Polo (M)

Situado entre el Rialto y la plaza de San Marcos, es un restaurante que ofrece las especialidades de la cocina veneciana. Destacan los linguini con anchoas y los *gnocchi* con rúcola.

- ✉ Salizada de San Lio, Castello 5571
- ☎ 041 523 5018
- 🕐 Comida, cena. Cierra los jueves
- Ⓜ San Zaccaria

Nico (E)

Famosa *gelateria* de Venecia que se encuentra situada en as Zattere. Tiene su terraza en una plataforma sobre el canal desde donde se puede disfrutar del helado mirando las vistas de la Giudecca. Su helado estrella es el *gianduitto* (chocolate y avellana con crema).

- ✉ Fondamenta Zattere, Dorsoduro 922
- ☎ 041 522 5293
- 🏠 www.gelaterianico.com
- 🕐 Comida, cena.
- Ⓜ Zattere

Nono Risorto (E)

Un espacioso restaurante con jardín y ambiente joven y alegre, en el que se puede tomar pizza y platos de pescado. Conviene reservar, sobre todo el fin de semana.

- ✉ Bettina, Santa Croce 2338
- ☎ 041 524 1169
- 🏠 https://alnonorisorto venezia
- 🕐 Comida, cena.
- Ⓜ San Stae

Osteria Al Bomba (M)

Lugar al que acuden muchos venecianos para tomar vinos y *cicchetti* en la barra y también para cenar. La *minestrone* está exquisita.

- ✉ Calle de l'Oca, Cannaregio 4297/B
- ☎ 041 302 7552
- 🏠 www.trattoria albomba.com
- 🕐 Comida, cena. Cierra lunes y martes.
- Ⓜ Ca' d'Oro

Osteria Alla Frasca (M)

Cerca dela parada del *vaporetto*, se puede sentar uno bajo la pérgola y probar los *cicchetti* y la gran variedad de platos de pescado.

- ✉ Corte della Carità, Cannaregio 5176
- ☎ 041 241 2585
- 🕐 Comida, cena.
- Ⓜ Fondamenta Nuove

Reservas

En Venecia resulta muy difícil improvisar, pues los buenos restaurantes suelen estar llenos, sobre todo los fines de semana. Los dueños de los restaurantes agradecen que se reserve; en casi todos los locales se quedan verdaderamente preocupados por no disponer de una mesa más en la que pueda usted

comer o cenar. Y, en el mejor de los casos, es posible que le reserven una mesa para otra hora, a pesar de los inconvenientes que suponen para los camareros.

Osteria Boccadoro (M-C)

Retirado y popular local entre los venecianos pudientes. El marisco es la base de su carta a la que puede escoger las almejas u ostras o probar alguno de sus populares pescados crudos, como el atún. Buenos vinos.

- ✉ Campo Widman, Cannaregio 5405/A
- ☎ 041 521 1021
- 🖥 www.boccadoro venezia.it
- 🕐 Comida, cena.
- ⛴ Fondamenta Nuove

Osteria Da Rioba (M-C)

Buenos platos tradicionales de la cocina veneciana.

- ✉ Fondamenta della Misericordia, Cannaregio 2553
- ☎ 041 524 4379
- 🖥 www.darioba.com
- 🕐 Comida, cena. Cierra lun
- ⛴ Madonna dell'Orto

Osteria Oliva Nera (C)

Otro de los restaurantes en los que se aprecian detalles creativos mezclados con la comida de siempre. Tienen otro local en la misma calle.

- ✉ Salizzada dei Greci, Castello 3447/3417
- ☎ 041 522 2170
- 🖥 www.olivanera.com
- 🕐 Cenas de mar a jue. Comidas vier y sáb
- ⛴ San Zaccaria

Paolin (E)

Otra famosa *gelateria* de Venecia situada en una de las plazas más animadas durante el día, por ser lugar de paso. Sentarse en su terraza y observar a la gente que viene y va a la Accademia resulta bastante entretenido.

- ✉ Campo Santo Stefano, San Marco 2962
- ☎ 041 522 5576
- 🕐 Comida, cena. Cierra lun. en invierno
- ⛴ Accademia, San Samuele

Paradiso Perduto

Este restaurante fue un clásico local nocturno en el que había música en vivo, pero ahora se ha convertido en un restaurante con buenos platos de pescado y pasta a precios razonables.

- ✉ Fondamenta della Misericordia, Cannaregio 2540
- ☎ 041 720 581
- 🕐 Comida, cena. Cierra mar y miér
- ⛴ Madonna dell'Orto

Pizzeria 2000 (E)

Un buen lugar para tomar una pizza en Venecia.

- ✉ Campo Sant'Agostin, 2287
- ☎ 041 720 028
- 🕐 Comida
- ⛴ Santa Giustina

Quadri (C)

Compite con el Florian en elegancia y está m animada su terraza en verano.

- ✉ Piazza San Marco, San Marco 123
- ☎ 041 522 2105
- 🖥 https://alajmo.it
- 🕐 Cenas de miércoles a viernes. Comida, cena sábados y domingos
- ⛴ Vallaresso (San Marco)

Quattro Fontane (C)

Cocina tradicional veneciana en un local clásico y acogedor. Dispone de una terraza en un agradable jardín.

- ✉ Via Quattro Fontane 16. Lido
- ☎ 041 526 0227
- 🖥 www.quattro fontane.com
- 🕐 Comida, cena
- ⛴ Lido

la Giudecca. En su carta destacan los platos de pescado y verduras de estación, maravillosamente preparados.

✉ Zattere, Dorsoduro 1473
☎ 041 522 7621
🔗 www.ristoranteriviera.it
🕐 Comida, cena.
Ⓜ San Basilio

Trattoria San Tomà (E-M)

Una *trattoria* muy bien situada donde se puede parar a tomar una pizza.

✉ San Polo 2864/A
☎ 041 523 8819
🕐 Comida, cena. Cierra mar. en invierno
Ⓜ San Tomà

Vini da Arturo (C)

Se distingue de la mayor parte de los restaurantes por su amplia oferta de carne y por sus verduras.

✉ Rio Terrà degli Assassini, San Marco 3656
☎ 041 528 6974
🕐 Comida, cena. Cierra dom
Ⓜ Sant'Angelo

Vini da Gigio (M)

Especialidades venecianas a base de pescado, y también platos típicos de carne. Buenísima la carta de vinos.

✉ Cannaregio 3628/A
☎ 041 528 5140
🔗 https://vinidagigio.it
🕐 Comida, cena. Cierra lun y mar
Ⓜ Ca' d'Oro

Vino Vino (M)

En una de las zonas más elegantes de Venecia. El ambiente es muy agradable. Dispone de una amplia carta de vinos y un menú en el que se combinan platos venecianos y otros más elaborados.

✉ Calle della Veste, San Marcos 2007/A
☎ 041 241 7688
🔗 www.vinovinowinebar.com
🕐 Comida, cena.
Ⓜ Santa Maria del Giglio

Trattoria da Fiore (M-C)

Un buen sitio para tomar *cichetti* con un vino en la barra. También tiene comedor para sentarse a cenar.

✉ Calle delle Botteghe, San Marco 3461
☎ 041 523 5310
🔗 www.dafiore.it
🕐 Comida, cena. Cierra mar
Ⓜ San Samuele

Ribot (M)

Tiene un estupendo jardín interior. Ofrece platos de la comida típica veneciana muy refinados, con pasta y postres hechos en casa, y utilizando productos de primera calidad. Todo acompañado de una excelente carta de vinos.

✉ Fondamenta Minotto, Santa Croce 158
☎ 041 524 3126
🕐 Comida, cena.
Ⓜ Piazzale Roma

Riviera (M-C)

Un restaurante precioso, con una tranquila terraza en verano desde donde se puede disfrutar de unas magníficas vistas de

▌Alojarse

Accademia-Villa Maravege*** (C)

Esta villa del siglo XVII, situada cerca del Gran Canal, tiene un magnífico jardín en el que sirven el desayuno en verano. El interior es también muy agradable. Es conveniente reservar con bastante antelación.

✉ Fondamenta Bollani, Dorsoduro 1058
☎ 041 521 0188
🏠 www.pensione accademia.it
⛴ Accademia

Agli Alboretti*** (M)

Está situado muy cerca de la Accademia en un palacio del siglo XVI. Sus habitaciones son muy bonitas y luminosas. El desayuno se sirve en el patio en verano.

✉ Rio Terrà Foscarini, Dorsoduro 884
☎ 041 523 0058
🏠 www.aglialboretti.com
⛴ Accademia

American*** (M-C)

Situado en una de las zonas más tranquilas de Dorsoduro, es una buena elección si se quiere estar cerca de la Accademia.

✉ Fondamenta Bragadin, Dorsoduro 628
☎ 041 520 4733
🏠 www.hotel american.it
⛴ Accademia

Antico Capon* (E)

Hotel cuya fachada da al animado campo de Santa Margherita, donde las mañanas son muy agradables y montan un pequeño mercado de fruta y verdura.

✉ Campo Santa Margherita, Dorsoduro 3004
☎ 041 528 5292
⛴ Ca' Rezzonico

Antico Casin*** (M)

Diseño actual en un edificio antiguo. Tiene una terraza en la que se puede desayunar en la temporada de verano y desde la que se puede admirar los tejados de la ciudad.

✉ Corte Contarina, San Marco 1520A
☎ 041 241 0384
🏠 https://locanda-antico-casin.worhot.com/
⛴ Vallaresso

Ai Do Mori* (M)

Un hotel muy bien situado con pocas habitaciones. En algunas de ellas hay una terraza desde donde se pueden ver las cúpulas de la ciudad.

✉ Calle Larga San Marco, San Marco 658
☎ 041 520 4817
🏠 https://hotelaidomori.com
⛴ San Zaccaria

Bel Sito e Berlino*** (M)

Un lugar tan exquisito como el Gritti Palace (citado en la lista de hoteles en la página siguiente), pero con precios mucho más asequibles.

✉ Santa Maria del Giglio, San Marco 2517
☎ 041 522 3365
🏠 www.hotelbelsito venezia.it
⛴ Giglio

Bucintoro (M)

Las habitaciones dan a la Riva degli Schiavoni y tienen una de las mejores vistas de toda Venecia: San Giorgio, la Salute y el Palacio Ducal. Algunas habitaciones no tienen baño individual.

✉ Riva San Biagio, Castello 2135/A
☎ 041 528 9909
🏠 www.hotelbucintoro.com
⛴ Arsenale

Ca' Maria Adele**** (C)

Un pequeño pero exquisito hotel en el que destaca la decoración de algunas habitaciones inspiración oriental.

✉ Rio Terrà dei Catecumeni, Dorsoduro 111
☎ 041 520 3078
🏠 www.camariaadele.it
⛴ Salute

Ca' Pisani**** (C)

Entre las Zattere y la Accademia en una estupenda zona para pasear y visitar museos. Buenos servicios y precios elevados.

✉ Rio Terà A. Foscarini, Dorsoduro 979A
☎ 041 240 1411
🏠 www.capisanihotel.it
⛴ Accademia

Casa Verardo*** (M)

Un bonito hotel restaurado hace poco tiempo y situado en una tranquila calle de paso. Es una buena elección.

✉ Ponte Storto, Catello 4766
☎ 041 528 6138
🏠 www.casaverardo.it
⛴ San Zaccaria

Cavalletto e Doge Orseolo**** (C)

Uno de los cómodos hoteles situados cerca de la

Oferta hotelera

Conviene reservar el alojamiento antes de llegar a Venecia. La oferta ha aumentado muchísimo en los últimos diez años, pero también lo ha hecho la demanda, y resulta un poco difícil encontrar hotel en algunas épocas del año, por ejemplo en Carnaval.

plaza de San Marcos decorado al estilo veneciano.

- ✉ Calle Cavalleto, San Marco 1107
- ☎ 041 520 0955
- 🖥 www.hotelcavalletto venice.com
- 🛥 Vallaresso (San Marco)

Cipriani***** (C)
Es uno de los mejores hoteles de Venecia. aquí se alojan las estrellas de cine cuando acuden a la Mostra. Aparte de las prestaciones del hotel, el marco en el que se halla es incomparable.

- ✉ Giudecca 10
- ☎ 041 240 801 900 751 035
- 🖥 www.belmond.com
- 🛥 Zitelle

Concordia**** (M-C)
Es el único hotel de Vencia que tiene vistas a la plaza de San Marcos. Su due-

Diferentes pero encantadores
Casi todos los hoteles de Venecia están en edificios antiguos que poseen una distribución que no es precisamente uniforme y por tanto las habitaciones presentan una gran variedad: unas grandes, otras pequeñas, algunas con ducha, otras con baño completo, unas con vistas, otras interiores, etc. Conviene asegurarse bien del tipo de habitación que le van a asignar y a veces será necesario pagar algo más por conseguir una mejor. En algunos hoteles hacen un pequeño descuento si el pago es en metálico.

ños lo mantienen como si fuera su propia casa. Muy recomendable.

- ✉ Calle Larga de San Marco, San Marco 367
- ☎ 041 520 6866
- 🖥 www.hotelconcordia.com
- 🛥 San Zaccaria

Danieli***** (MC)
Muchos artistas han pasado por sus habitaciones, en las que además se han rodado bastantes películas. El vestíbulo y la escalera son preciosos. Aunque no esté alojado en él puede entrar a tomar algo en su bar. También dispone de dos edificios y, por supuesto, si se va a alojar aquí, asegúrese de que su habitación esté en el edificio antiguo.

- ✉ Riva degli Schiavoni 4196
- ☎ 041 522 6480
- 🖥 www.hoteldanieli.com
- 🛥 San Zaccaria

Dei Dogi***** (C)
Situado en el interior del Palazzo Rizzo Patarol, un antiguo y prestigioso palacio aristocrático, en cuyo interior hay un inmenso jardín.

- ✉ Madonna dell'Orto, Cannaregio 3500
- ☎ 041 220 8111
- 🖥 www.nh-hotels.com
- 🛥 Madonna dell'Orto

Fiorita*** (E)
Una acogedora pensión situada en un lugar tranquilo al lado de una de las plazas más bonitas de Venecia.

- ✉ Campiello Nuovo, San Marco 3457/A
- ☎ 041 523 4754
- 🖥 www.locandafiorita.com
- 🛥 Accademia/Sant'Angelo

Flora*** (M-C)
Casi parece un oasis de tranquilidad en el centro. Antiguamente fue una pensión, pero con el tiempo se ha convertido en uno de los hoteles más íntimos y exclusivos.

- ✉ Calle Bergamaschi, San Marco 2283/A
- ☎ 041 520 5844
- 🖥 www.hotelflora.it
- 🛥 Giglio

Fontana** (M)
Se trata de un hotel con tradición familiar que mantiene el original clima de cordialidad de cuando se abrió décadas atrás.

- ✉ Campo San Provolo, Castello 4701
- ☎ 041 522 0579
- 🖥 www.hotelfontana.it
- 🛥 San Zaccaria

Foresteria Valdese (E)
Situado en el Palazzo Cavagnis cerca del Campo Santa Maria Formosa. Pertence a la iglesia waldensiana y metodista de Venecia.

- ✉ Longa Santa Maria Formosa, Castello 5170
- ☎ 041 528 6797
- 🖥 www.foresteriavenezia.it
- 🛥 Rialto

Generator Venecia (E)
Este moderno albergue ocupa un antiguo almacén. Bar, cafetería y jardín. Se puede reservar una habitación doble o una cama en un dormitorio con baño compartido. Hay dormitorios solo para mujeres.

- ✉ Fondamenta Zitelle, 86
- ☎ 041 877 8288
- 🖥 https://staygenerator.com
- 🛥 isla de Giudecca. A una parada en vaporetto de la Plaza San Marcos.

Giorgione**** (C)
El edificio en el que se halla este hotel es un palazzo del siglo xv, pero dispone también de otro edificio moderno. Las habitaciones son muy bonitas. Dispone de un magnífico patio.

- ✉ Larga dei Proverbi, Cannaregio 4587
- ☎ 041 522 5810
- 🖥 www.hotelgiorgione.com
- 🛥 Ca' d'Oro

Gritti Palace*** (MC)
El más conocido y famoso de los grandes hoteles

Precios

El precio que se indica en esta sección corresponde a una habitación doble estándar. Se han clasificado de la siguiente forma:

E: económico (menos de 100 €)

M: medio (entre 100 € y 200 €)

C: caro (entre 200 y 280 €)

MC: más de 280 €

Antes de salir de viaje es necesario comprobar si su hotel acepta tarjetas y cuáles son.
La diferencia de precio entre la temporada alta y baja es considerable en esta ciudad. Los precios indicados corresponden a la temporada alta, que va desde la semana antes de Pascua hasta finales de junio y desde comienzos de septiembre a principios de noviembre. Julio y agosto son más baratos porque la gente prefiere ir a la playa. De todos modos, durante esos meses hay bastante turismo organizado.
El carnaval es la temporada más cara y para la que hay que reservar con varios meses de antelación.

venecianos, que fue alojamiento de muchos famosos y hoy es el preferido de los millonarios americanos. Es un *palazzo* del xv que mantiene su encanto original. La terraza situada en una plataforma sobre el Gran Canal es uno de sus reclamos. Tiene servicio de transporte hasta las instalaciones del hotel en el Lido donde hay una playa privada.

✉ Santa Maria del Giglio, San Marco 2467
☎ 041 794 611
🌐 www.marriott.com
Ⓥ Giglio

Guerrini** (M)

Cuando abrió sus puertas, este hotel era una sencilla y pequeña *locanda*, en los años veinte del siglo pasado. En 1938 lo adquiere la familia Mazzo y mantiene el nombre original y continúa durante tres generaciones ofreciendo su hospitalidad a los visitantes.

✉ Procuratie, Cannaregio 265
☎ 041 715 333

🌐 www.hotelguerrini.it
Ⓥ San Marcuola, Ferrovia

Hilton Molino Stucky Venice***** (MC)

Esta cadena hotelera se ha instalado en Venecia en el restaurado Molino Stucky, y entre todos los servicios que ofrece destaca una espléndida piscina en la azotea desde donde las vistas de la ciudad son impresionantes. Con un servicio de transporte privado hasta Zattere y San Marcos.

✉ Giudecca 810
☎ 041 272 3311

🌐 www.molinos tuckyhilton.com
Ⓥ San Eufemia

La Calcina*** (M)

Desde las habitaciones exteriores de este hotel se pueden admirar unas vistas maravillosas del canal de la Giudecca. Es un pequeño hotel en Zattere con muchísimo encanto y conocido porque en él se alojó Ruskin. También tiene restaurante con plataforma sobre el canal.

✉ Fondamenta Zattere ai Gesuati, Dorsoduro 780
☎ 041 520 6466
🌐 www.lacalcina.com
Ⓥ Zattere

La Fenice et Des Artistes*** (M)

Es un elegante hotel cerca de La Fenice. Dispone de un buen restaurante, *La Taverna,* donde se pueden degustar los platos típicos venecianos.

✉ Campiello Fenice, San Marco 1936
☎ 041 523 2333
🌐 www.fenicehotels.com
Ⓥ Giglio

La Galleria* (M)

Se asoma al Gran Canal. Este hotel es acogedor, cómodo y barato teniendo en cuenta su situación. Es necesario reservar con mucha antelación para conseguir una habitación grande y con vistas al canal.

✉ Campo della Carità, Dorsoduro 878/A

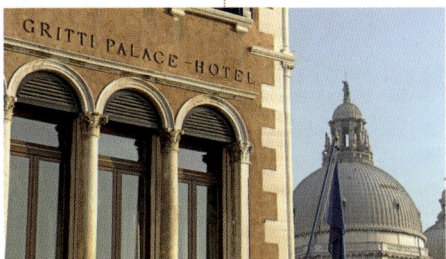

📞 041 523 2489
🌐 www.hotelgalleria.it
🚏 Accademia

La Residenza (E-M)
Es uno de los palacios donde vivieron los Gritti, ubicado en un campo paralelo a la Riva degli Schiavoni, en el que también está la iglesia en la que bautizaron a Vivaldi. El alojamiento es sencillo y acogedor.
✉ Bandiera e Moro, Castello 3608
📞 041 528 5315
🌐 www.venicelaresidenza.com
🚏 Arsenale

Le Boteghe B&B (M)
En la tercera planta de un edificio del siglo XVIII renovado y adaptado a las necesidades de un establecimiento de estas características. Las habitaciones cuentan con baño, wifi y desayuno.
✉ S. Marco Calle de le Boteghe 3438
🌐 https://aleboteghe.it

Locanda Acquavita (E)
Un antigua casa veneciana situada en el centro histórico de la ciudad en la que se respira una agradable atmósfera familiar.
✉ Calle Venier, Cannaregio 4852
📞 041 522 2767

🌐 https://acquavita.it
🚏 Fondamenta nuove

Locanda Antica Venezia (M)
Muy cerca de la plaza de San Marcos y de La Fenice, está escondido este alojamiento en un estrecho callejón de la calle Frezzeria. Tiene una terraza desde donde se ve el Campanile y donde se puede desayunar por las mañanao tomar una copa tranquilamente.
✉ Piscina di Frezzeria, San Marco 1672
📞 041 528 7000
🌐 www.anticavenezia.com
🚏 Vallaresso (San Marco)

Locanda Ca' Foscari (E)
Un lugar familiar, más pensión que hotel. Algunas habitaciones con baño compartido, bien situado para visitar la ciudad.
✉ Calle Marcona, Dorsoduro 3887/B
📞 041 710 401
🌐 www.locandacafoscari.com
🚏 San Tomà

Locanda del Ghetto (M)
Agradable hotel con todas las comodidades, en pleno gueto veneciano y muy cerca de los animados locales de Cannaregio. Buena atención y servicio.
✉ Campo del Ghetto Nuovo, Cannaregio 2893
📞 041 712 2590

🌐 www.locandadelghetto.net
🚏 San Marcuola/Guglie

Locanda Silva (E)
Negocio familiar cerca de la plaza de San Marcos.
✉ Fondamenta del Remedio, Castello 4423
📞 041 522 7643
🌐 www.locandasilva.it
🚏 San Zaccaria

Londra Palace (C-MC)
Situado en la Riva degli Schiavoni, es uno de los buenos hoteles de Venecia que recorren esta *riva*. Tiene terraza y restaurante.
✉ Riva degli Schiavoni, Castello 4171
📞 041 520 0533
🌐 www.londrapalace.com
🚏 San Zaccaria

Luna Baglioni (C)
Es el hotel más antiguo de la ciudad. Cerca de la plaza de San Marcos, con vistas maravillosas desde algunas habitaciones. Tiene un restaurante en el que se ofrece una gran variedad de platos venecianos.
✉ Calle dell'Ascensione, San Marco 1243
📞 041 528 9840
🌐 https://venice.baglionihotels.com
🚏 Vallaresso (San Marco)

Marconi (M-C)

Quien quiera alojarse en este hotel debe reservar una de las dos habitaciones que dan al Gran Canal.

- ✉ Riva del Vin, San Polo 729
- ☎ 041 522 2068
- 🖥 https://hotelmarconi.it
- 🚢 Rialto

Metropole (C)

Este hotel goza de unas vistas excelentes.

- ✉ Riva degli Schiavoni, Castello 4149
- ☎ 041 520 5044
- 🖥 www.hotelmetropole.com
- 🚢 Vallaresso (San Marco)

Minerva (M)

En 1939 un senor llamado Gigi decide abrir una pequeña pensión, que a lo largo del tiempo se ha modernizado hasta convertirse en el actual Hotel Minerva & Nettuno.

- ✉ Lista di Spagna, Cannaregio 230
- ☎ 041 715 968
- 🖥 minervae nettuno.com
- 🚢 San Marcuola, Ferrovia

Novecento (M-C)

Hotel de diseño que tiene sus 9 habitaciones. Habitaciones funcionales con baños diseñados por Philippe Starck. Tiene patio y jardín donde se sirven desayunos.

- ✉ Campo San Maurizio, San Marco 2683-84
- ☎ 041 241 3765
- 🖥 www.novecento.biz
- 🚢 Giglio

Oltre Il Giardino (C)

A la orilla del agua, es un lugar donde parece que se ha parado el tiempo, un lugar secreto escondido en el corazón de la ciudad.

- ✉ Fondamenta Contarini, San Polo 2542
- ☎ 041 275 0015
- 🖥 www.oltreilgiardino-venezia.com/
- 🚢 San Tomà

Palazzo Soderini (C)

Diseño contemporáneo en una residencia antigua cuya fachada da a uno de los campi más bonitos de la ciudad. Es uno de los espacios más vanguardistas de Venecia.

- ✉ Campo Bandiera e Moro, Castello 3611
- ☎ 041 296 0823
- 🖥 www.ondasnc.it
- 🚢 San Zaccaria, Arsenale

Palazzo Stern (C)

Precioso hotel en una animada zona con vistas al Gran Canal. Es un edificio histórico de estilo árabe, del siglo XV que hace un siglo fue restaurado por la familia Stern.

- ✉ Dorsoduro 2792/A
- ☎ 041 277 0869
- 🖥 www.palazzostern.it
- 🚢 Ca' Rezzonico

Pausania (M)

Delicioso hotel que se asoma a un tranquilo canal en la antigua residencia, del siglo XIV, perteneciente a un aristócrata veneciano. Habitaciones grandes. Cuenta con una balconada sobre un jardín en la que se sirve el desayuno.

- ✉ Fondamenta Gherardini, Dorsoduro 2824
- ☎ 041 522 2083
- 🖥 www.hotelpausania.it
- 🚢 Ca' Rezzonico

Pensione Seguso (M)

Conocida porque en ella se aloja el personaje de la novela *El juego del escondite*, de Patricia Highsmith, es una antigua y típica *pensione* familiar situada en Zattere. La mayoría de sus habitaciones están amuebladas de manera tradicional y tienen los baños fuera. Se puede desayunar en su terraza.

- ✉ Zattere, Dorsoduro 779
- ☎ 041 528 6858
- 🖥 www.pensione seguso.com
- 🚢 Zattere

Ponte Chiodo (E)

Gran relación calidad-precio, fuera de las rutas turísticas, en un puente fácilmente reconocible porque no tiene muros a los lados. Tiene un jardín escondido.

- ✉ Ponte Chiodo, Cannaregio 3749
- ☎ 041 241 3935
- 🖥 www.pontechiodo.it
- 🚢 Ca' D'Oro

San Cassiano-Ca' Favretto (M)

En un *palazzo* restaurado del Gran Canal. Antigua residencia de Giacomo Favretto, pintor veneciano de la segunda mitad del siglo XIX. Está muy bien situado y consta de varias habitaciones elegantes y perfectamente equipadas.

- ✉ Calle della Rosa, Santa Croce 2232
- ☎ 041 524 1768
- 🖥 www.sancassiano.it
- 🚢 San Stae

Apartamentos

La oferta de apartamentos en Venecia es amplia y muchas veces la mejor opción para alojarse. Algunos son verdaderos palacios con jardín, otros pisos enormes con altana o terraza o patio. Resulta más barato alquilar uno grande para varias personas, pero los pequeños o los estudios suelen tener el mismo precio que la habitación doble de un hotel. La plataforma Airbnb (www.airbnb.es) cuenta con una amplia selección de habitaciones, apartamentos y casas, ubicadas en diferentes localizaciones.

St. Regis Venice-San Clemente Palace***** (MC)

Este hotel está considerado como uno de los hoteles más lujosos de Venecia. Está en la isla de San Clemente y antes de ser hotel fue monasterio. Solo se accede en transporte privado.

✉ Isola di San Clemente, San Marco 1
☎ 041 475 0111
🖥 www.kempinski.com
🚤 Lancha privada

San Fantin* (M)

A la sombra del Teatro La Fenice, la localización es estupenda pero necesita una renovación.

✉ Campiello Fenice, San Marco 1930/A
☎ 041 523 1401
🖥 https://hotelsanfantin.com
🚤 Giglio

San Gallo*** (M)

Un agradable hotel que dispone de 12 habitaciones, algunas de las cuales están decoradas al estilo veneciano. También tiene una bonita terraza.

✉ Campo San Gallo, San Marco 1093/A
☎ 041 522 7311
🖥 www.hotelsangallo.com
🚤 Vallaresso

San Moisè*** (C)

Magnífico edificio del siglo XVI, junto al canal, que dispone de un agradable patio.

✉ Piscina San Moisè, San Marco 2058
☎ 041 520 3755
🖥 https://sanmoise.it
🚤 Vallaresso (San Marco)/ Giglio

San Samuele*** (M)

Muy asequible y bien situado. Algunas habitaciones tienen baño compartido.

✉ Salizzada San Samuele, San Marco 3358
☎ 041 520 5165
🖥 www.hotelsansamuele.com
🚤 San Samuele

Santo Stefano*** (C)

Este hotel se halla en un edificio del siglo XV precioso y muy elegante.

✉ Campo Santo Stefano, San Marco 2957
☎ 041 520 0166
🖥 https://hotelsantostefano venezia.com
🚤 Accademia

Scandinavia (C)

Cómodo, amplio y decorado elegantemente en una de las plazas más entretenidas de Venecia.

✉ Campo Santa Maria Formosa, Castello 5240
☎ 041 522 3507
🖥 www.scandinavia hotel.com
🚤 Rialto

▌Ir de compras

Tejidos

Bevilacqua

Esta tienda dispone de una exquisita selección de tejidos, artesanos e industriales, algunos todavía elaborados con telares del siglo XVII. Algunos diseñadores italianos compran aquí terciopelos, tafetanes, damasquinados, satenes y brocados. Aunque todo es un poco caro, los sujetacortinas y los llaveros son recuerdos bonitos que tienen un precio más asequible.

✉ Santa Croce 1320
☎ 041 721 566
🖱 www.luigi-
  bevilacqua.com
🚤 Riva de Biasio

Fortuny tessuti Artistici

Aquí se pueden comprar tejidos de seda con maravillosos estampados hechos de la misma forma en que se fabricaban hace años.

✉ Fondamenta San Biagio, Giudecca 805
☎ 041 528 7697
🖱 https://fortuny.com
🚤 Redentore

Cristalería

Arte Vetro Murano

En esta tienda se hace cristal trabajado de forma innovadora. Se pueden comprar collares, pendientes, etc., y se pueden elegir los de formas más originales y extravagantes.

✉ San Marco 1278
🚤 Rialto

Barovier e Toso

Una de las mejores cristalerías de la isla. La familia lleva soplando el cristal desde el siglo XIV, y tiene una colección de unas 26.000 piezas originales.

Telas y cristal

Las famosos telas venecianas resultan tan elegantes como los palacios que decoran; pero las de calidad excelente suelen ser tan caras que pocos se las pueden permitir; de todas formas es un placer verlas y, si puede, tocarlas. Son especialmente bonitos los tejidos de Fortuny.

En cuanto al cristal de Murano, si realmente se desea llevar alguna pieza conviene tener cuidado y asegurarse de que es auténtico.

✉ Fondamenta dei Vetrai 28, Murano
☎ 041 739 049
🖱 www.barovier.com
🚤 Murano DM (Colonna/Faro)

Mazzega

Las mejores cristalerías de mesa. También demostraciones de esculpido de vidrio y fabricación de lámparas.

✉ Fondamental da Mula 147, Murano
☎ 041 736 888
🖱 www.mazzega.it
🚤 Murano DM (Museo/Venier)

Pauly

Uno de los mejores almacenes de cristal de Murano. Sus diseños son modernos. También se venden piezas más tradicionales y algo de joyería de cristal.

✉ Via dell'Avena 15
🖱 www.pauly1866.com

Rossana e Rossana

Cristal veneciano tradicional soplado, combinado con diseño contemporáneo. Entre los objetos que se pueden comprar destacan vasos, jarrones, marcos, y las maravillosas réplicas de caracolas, ostras y criaturas marinas.

✉ Riva Lunga, Murano 11
☎ 347 966 0275
🚤 Murano DM (Venier)

Máscaras

Las máscaras se han convertido en uno de los souvenirs más típicos de Venecia. Hay tal variedad de modelos de máscaras que uno no sabe qué llevarse, pero si quiere algo especial debe fijarse en los cuadros de Pietro Longhi para saber cuáles son las verdaderas máscaras con las que se ocultaban muchos venecianos.

Joyería

Anticlea Antiquariato
Los collares de cristal antiguos, de todos los tipos y colores imaginables, que se venden en esta tienda son de los mejores. Gargantillas, brazaletes y pendientes de encargo o ya hechos.
- ✉ Castello 4719/A
- ☎ 041 528 6946
- Ⓜ San Zaccaria

Gualti
A pesar de lo sencillo que puede resultar el local, en su interior es posible encontrar piezas realmente exquisitas y muy originales.
- ✉ Dorsoduro 3111
- ☎ 041 520 1731
- 🖥 www.gualti.it
- Ⓜ Ca' Rezzonico

Laberintho
En esta pequeña calle encontrará a jóvenes diseñadores que realizan inspiradas piezas de joyería con incrustaciones de piedra.
- ✉ San Polo 2236
- ☎ 041 710 017
- 🖥 www.laberintho.it
- Ⓜ San Tomà

Missiaglia
Está considerada como la mejor joyería de la ciudad. Su especialidad son los engarces de oro y plata. También realizan obras de estética contemporánea. Es bastante cara.
- ✉ Dorsoduro 586
- ☎ 041 522 4464
- 🖥 www.missiaglia1846.com
- Ⓜ Zattere

Nardi
Es una de las joyerías más lujosas de Venecia, situada muy cerca del Florian, en la que se pueden comprar piezas únicas, y que ha sido frecuentada por muchas actrices famosas.
- ✉ Piazza San Marco 69, San Marco
- ☎ 041 522 5733
- 🖥 www.nardi-venezia.com
- Ⓜ San Zaccaria

Marroquinería y calzado

Bottega Veneta
Tiene sucursales en todo el mundo. Encontrará aquí antes que nadie su última colección. Maravillosos cinturones, maletas, bolsos, monederos y billeteros con blandas pieles. Caros pero duraderos.
- ✉ Salita S. Moisè, San Marco 1473
- ☎ 041 522 8489
- 🖥 www.bottega veneta.com
- Ⓜ Vallaresso (San Marco)

Calzature Casella
Toda una institución en Venecia, vende calzado de gran calidad. Famosos entre los visitantes por sus zapatos de estilo clásico, que actualizan cada temporada.
- ✉ Campo San Salvador, San Marco 5048
- ☎ 041 522 8848
- Ⓜ Rialto

Máscaras/ Disfraces

Balocoloc
Vende máscaras de papel maché y trajes de carnaval y también cuenta con una importante oferta de sombreros, únicos y hechos a mano por su propietaria Silvana Martin, que cambia sus diseños según la temporada.

✉ Calle Lunga,
Santa Croce 2134
☎ 041 524 0551
🚤 San Silvestro

Atelier Antonia Sautter
En esta tienda hay miles de disfraces que se pueden comprar o alquilar. Los hay convencionales y transgresores. Se requiere realizar una reserva previa para la prueba de vestuario. El Carnaval es una cosa muy seria en Venecia. También organizan bodas, fiestas y banquetes con animados espectáculos.
✉ San Marcos 1256
☎ 041 241 3802
🖥 www.antonia
sautter.it

Schegge
Una tienda de máscaras muy originales. Un buen sitio si se quiere comprar algo especial.
✉ Calle Lunga Santa
Maria Formosa,
Castello 6185
☎ 041 522 5789
🚤 Rialto/San Zaccaria

Tragicomica
En esta tienda de máscaras se pueden comprar máscaras y trajes de carnaval. Podrá sumergirse en los orígenes del *Carnevale*. Todos los personajes típicos del siglo XVIII están representados en fantásticas piezas artesanales. También organiza fiestas y actuaciones.

✉ Calle dei Nomboli,
San Polo 2800
☎ 041 721 102
🖥 www.tragicomica.it
🚤 San Tomà

Papelería

Ebrù
Un surtido de elegantes sedas y papel pintados a mano es la oferta de Alberto Valese-Ebrù, quien encabezó la recuperación del papel de aguas veneciano, imitando mármol, en la década de 1970. Excelentes recuerdos.
✉ Campiello Santo Stefano,
San Marco 3471
☎ 041 523 8830
🖥 www.albertovalese-ebru.it
🚤 Accademia

Legatoria Piazzesi
Desde 1900 es uno de los últimos talleres de grabado manual en talla dulce, sobre madera, para conseguir un hermoso papel de aguas. Es caro pero siempre resulta una sorpresa.
✉ Campiello della Fettrina,
San Marco 2511/C
☎ 041 520 1978
🚤 Giglio

Horarios

Los comercios abren de 9 h a 13 h, hacen una larga pausa para comer, pero luego abren hasta más tarde: de 16 h a 20 h. La mayoría cierran el domingo y muchos cierran media jornada el lunes por la mañana o el jueves por la tarde. Pero las tiendas turísticas suelen permanecer abiertas a mediodía y el domingo, sobre todo durante el verano. Las tiendas de alimentación abren antes, entre 8 h y 8.30 h.

Paolo Olbi

El signor Olbi es otro de los artesanos relacionados con el resurgir del papel de aguas y el surtido de su tienda es maravilloso. Visítela para comprar regalos especiales.

- ✉ Dorsoduro 3253
- ☎ 041 523 7655
- 🌐 http://olbi.atspace.com
- 🚶 Sant'Angelo

Carpintería

Gilbert Penzo

Mundialmente famoso constructor de góndolas de madera. Excelente artesano, Penzo pone sus manos a trabajar también en otros navíos venecianos. Es posible llevarse a casa un kit para construir una góndola en miniatura.

- ✉ Calle Seconda dei Saoneri, San Polo 2681
- ☎ 041 719 372
- 🌐 www.venice boats.com
- 🚶 San Tomà

Livio de Marchi

Son conocidos en todo el mundo sus objetos tallados en madera, como un abrigo en una percha, unos calcetines, un bolso o un sombrero. Son caros pero magníficos y merece la pena echar un vistazo a la tienda.

- ✉ Salizzada San Samuele, San Marco 2742/A
- ☎ 041 528 5694
- 🌐 www.liviodemarchi.com
- 🚶 San Samuele

Le Forcole (Pastor)

El más curioso de los recuerdos es la especialidad del maestro *marangon* (ebanista) Saverio Pastor: la decorada *forcole*. Realizadas en nogal son piezas realizadas para cada gondolero y convertidas en obras de arte.

- ✉ Fondamenta Soranzo, Dorsoduro 341
- ☎ 041 522 5699
- 🌐 www.forcole.com
- 🚶 Accademia y Salute

Spazio Legno

Un grupo de maestros artesanos que construye todo tipo de elementos de madera, desde las famosas

Dónde comprar

A ambos lados del Rialto se encuentran los puestos en los que se venden pañuelos y corbatas de seda y objetos de piel, y también en el puente hay pequeñas tiendas en las que se puede comprar joyas, marroquinería, sedas y zapatos.

Otra zona de puestos de todo tipo es la Strada Nuova, una de las calles más transitadas y en donde puede encontrar desde un paraguas hasta frutas y verduras.

Los vendedores de recuerdos se sitúan a lo largo de la Riva degli Schiavoni, y al lado se pueden ver los imprescindibles artistas pintando vistas venecianas y muchos caricaturistas.

Dos veces al año se celebra un mercadillo de antigüedades en Campo San Maurizio.

No hay que olvidarse de visitar los populares mercados de productos frescos como el de Rialto y La Pescheria.

altanas que podemos ver
sobre los tejados hasta
muebles ergonómicos.
- ✉ Fondamenta San
  Giacomo,
  Giudecca 213/B
- ☎ 041 277 5505
- 🖥 www.spaziolegno.com
- Ⓥ Redentore

Gastronomía

Casa del Parmigiano
Es la mejor tienda de gastronomía de Venecia. Su selección de quesos italianos
es estupenda. Tiene pastas
caseras, salamis, vinos y
aceites de oliva, ideales
como regalo.
- ✉ Campo Bella Vienna,
  San Polo 214
- ☎ 041 520 6525
- 🖥 www.aliani-casadel
  parmigiano.it
- Ⓥ Rialto

Drogheria Mascari
Negocio familiar desde
1948, que invita a la gula
con todo tipo de productos
apetecibles. Selectos vinos,
licores, especias, tés, cara-
melos.
- ✉ Ruga Spezieri,
  San Polo 381
- ☎ 041 522 9762
- 🖥 www.imascari.com
- Ⓥ Rialto

Mercados

Pescheria
Merece la pena acercarse
a ver las sepias, cangrejos y
extraños pescados de este
mercado junto al Gran Canal.
- ✉ Fondamenta dell'Olio,
  San Polo
- ⏰ De martes a sábado
  de 8 h a 13 h
- Ⓥ Rialto

Rialto
Un centro comercial abierto desde 1250. Es un buen
mercado, a pesar de que
casi todo sea importado
de tierra firme. Es un lugar que no puede dejar
de visitar.

- ✉ Ruga dei Orefici, San Polo
- ⏰ De lunes a sábado
  de 8 h a 13h
- Ⓥ Rialto

Via Garibaldi
Es la calle que hay que
recorrer para llegar a San
Pietro y resulta bastante diferente al resto de Venecia,
sobre todo porque es más
ancha que otras. A lo largo
de esta calle hay puestos de
alimentos y se aprecia en la
zona mucho color local.
- ✉ Via Giuseppe Garibaldi,
  Castello
- ⏰ De lunes a sábado
  de 8 h a 13 h
- Ⓥ Arsenale

Moda hombre

Al Duca di Aosta
Vende trajes clásicos y
elegantes con un toque de
modernidad. Marcas inter-
nacionales como Burberry y
los últimos estilos de Burini,
Kiton y Fay.
- ✉ San Marco 284
- ☎ 041 522 0733
- 🖥 www.alducadaosta.com
- Ⓥ Rialto

Paul and Shark
Una marca de ropa infor-
mal pero cara para caba-
llero. Puede encontrar aquí
su bien cortada y cómoda
ropa de moda y también
deportiva. Escoja entre lo
informal y lo relajado.
- ✉ Calle Larga XXII Marzo, 3L
- ☎ 041 521 0118
- 🖥 www.paulshark.com
- Ⓥ San Marco (Vallaresso)

Moda mujer

Arabesque Barbieri
Una tienda que vende pa-
ñuelos, estolas y chales en
una amplia gama de teji-
dos y colores y de buena
calidad.
- ✉ Calle della Madonna,
  Castello 3403
- 🖥 www.barbieri
  arabesque.com
- Ⓥ San Zaccaria

Cristina Linassi
Fina y variada lencería y
ropa de noche con tejidos
de calidad. También delicadas mantelerías.
- ✉ Calle dei Frati,
  San Marco 2728
- ☎ 328 020 8017
- 🖥 www.cristina
  linassi.com
- Ⓥ Sant'Angelo

Coin
La más famosa y una de
las mejores cadenas de
grandes almacenes italia-
nos. Puede comprar todo
un guardarropa, incluyen-
do los accesorios, a buen
precio y también mantele-
rías y ropa de hogar.
- ✉ Salizzada
  San Crisostomo,
  Cannaregio 5787
- ☎ 041 522 1432
- Ⓥ Rialto

Diesel
una marca conocida que
merece la pena visitar, ya
que las novedades son más
baratas que en cualquier
sucursal.
- ✉ Marco Polo 1/C
- ☎ 041 541 6408

La *forcola*
Si puede permitírselo,
compre una *forcola*
(es la pieza de madera
sobre la que sujetan el
remo los gondoleros)
en uno de los sitios
recomendados. Es uno
de los objetos más ele-
gantes que se puede
llevar de recuerdo.

Emporio Armani
En cualquier ciudad italiana, esta famosa cadena es
un buen lugar para ver la
ropa más elegante.
- ✉ Fontego Dei Tedeschi,
  Ponte Di Rialto
- ☎ 041 314 200
- Ⓥ Rialto

Llevar a los niños

Desplazarse en barco
Es una buena idea viajar en un *vaporetto* por el Gran Canal o hacia las islas. Llegar en barco desde el aeropuerto es toda una aventura. La góndola resulta cara pero no se paga por persona; quizá no sea la recorrido ideal pero los niños disfrutarán mucho, y si no es posible, también se lo pasarán en grande cruzando el Gran Canal en un *traghetto*.

Una de las actividades que a los niños les resulta más excitante es dedicar un día a recorrer la laguna, y pueden hacerlo en una excursión organizada, lo que le permitirá llegar hasta islas de difícil acceso en transporte público. Algunas agencias, como Terra e Acqua (www.terraeacqua. com), lo organizan todo.

Campanile de San Giorgio Maggiore
Es una de las cosas que más apasionan a los niños, pero procure que no coincida con la hora a la que suenan las campanas, aunque a ellos les encantaría.

Visitar las mejores heladerías
Elija el momento en el que estén todos cansados para compensarles con uno de los ricos helados de las *gelaterie* de Venecia como Paolin o Nico.

Divertirse en las islas
Aproveche la visita a Murano para impresionar a sus hijos en las fábricas donde hacen demostraciones de soplado de cristal. Vaya a Burano para que vean sus bonitas casas de colores o a Torcello a pasear. En Sant'Erasmo podrá pasear, montar en bicicleta o ir a la playa.

Ir a nadar al Lido
En el Lido pueden nadar o jugar en la playa pública. Hay puestos con bicicletas y patines de agua de alquiler.

Aprender en los museos
La visita al Museo Storico Navale es una de las más atractivas para los niños. Se pueden ver maquetas de navíos y descubrir el glorioso pasado marítimo de la ciudad. Infórmese bien y aproveche las visitas a los museos, las *scuole* y las iglesias para elegir cuadros que fascinen a los

niños. La Scuola Grande di San Giorgio degli Schiavoni les puede resultar interesante. También los itinerarios secretos del Palacio Ducal, sobre todo la parte de las mazmorras y las cámaras de tortura. En el museo Peggy Guggenheim hay talleres gratuitos para niños.

Disfrazarse en carnaval
Los niños disfrutarán del Volo della Colombina y de los fuegos artificiales, además del espectáculo que supone andar por la calle disfrazado. Se pueden alquilar disfraces para los niños.

Pasear por los jardines
El mejor parque veneciano, con algunos toboganes y columpios, son los amplios Giardini Pubblici de Castello.

Visitar Puntolaguna
Organizan muchas actividades en este centro multimedia dedicado a la ecología y estado de la laguna. Talleres infantiles.

Jugar con las palomas
Un entretenimiento para los niños es dar de comer y correr detrás de las palomas en la Plaza de San Marcos.

I Divertirse

Teatro

Teatrino Groggia

Un pequeño teatro famoso por sus producciones contemporáneas y por los conciertos. Dedicado a la promoción de jóvenes autores italianos, ocasionalmente realiza algunas producciones en inglés. Los conciertos van del folk americano hasta el minimalismo contemporáneo.

- ✉ Calle del Capitello, Cannaregio 3150
- ☎ 041 524 4665
- ⛴ Sant'Alvise

Teatro da l'Avogaria

Fundado en 1969 por el fallecido y famoso director Giovanni Poli, se especializa en montajes experimentales.

- ✉ Corte Zappa, Dorsoduro 1617
- ☎ 33 537 2889
- 🌐 www.teatro-avogaria.it
- ⛴ San Basilio

Teatro Carlo Goldoni

Es el principal teatro veneciano donde se interpretan obras italianas e internacionales, que recibe su nombre en homenaje al más famoso autor dramático veneciano. También se organizan aquí conciertos de músicos italianos.

- ✉ Calle Goldini, San Marco 4650/B
- ☎ 041 240 2011
- ⛴ Rialto

Danza

Teatro Fondamenta Nuove

Este local, una antigua carpintería, es el escenario de la vanguardia veneciana. Sus actividades incluyen danza contemporánea, exposiciones, etc.

- ✉ Fondamenta Nuove, Cannaregio 5013
- ☎ 041 522 0044
- ⛴ Fondamenta Nuove

Teatro Verde

Es el teatro al aire libre de San Giorgio, que fue inaugurado en 1954 y rehabilitado a finales de la década de 1990. Pertenece a la Fundación Cini y se organizan espectáculos de danza contemporánea en verano.

- ✉ Isola di San Giorgio Maggiore
- ☎ 366 909 9241
- ⛴ San Giorgio

Ópera y ballet

Teatrino Malibran

El primer teatro de Venecia jugó un importante papel en la vida cultural de la ciudad. Ahora produce óperas, ballet y conciertos clásicos.

- ✉ Calle dei Milion, Cannaregio 5873
- ☎ 041 272 2699
- ⛴ Rialto

Teatro La Fenice

Tras años de restauración después del incendio de 1996, merece una visita para ver su magnífico edificio. Aunque dedicado a la ópera, también hay ballet y conciertos. Es esencial reservar las entradas.

- ✉ Campo San Fantin, San Marco 1965
- ☎ 041 786 654
- 🌐 www.teatrolafenice.it
- ⛴ Giglio

Ocio

En los periódicos locales se puede encontrar información sobre conciertos y exposiciones que se celebran en Venecia. Debe echar un vistazo a la sección "Spettacoli" de diarios como *Il Gazzettino* y *La Nuova Venezia*. También hay carteles por las calles anunciando las actuaciones. Las entradas suelen conseguirse en los locales de actuación pero también las agencias de viajes pueden hacer esta gestión pagando un suplemento. Consulte también la página www.turismovenezia.it para encontrar información sobre los acontecimientos que se celebren en la ciudad.

Música clásica

Basilica dei Frari
Buena selección de música sacra, orquestal y órgano.
- ✉ Campo dei Frari, San Polo 3072
- ☎ 041 272 8630
- Ⓤ San Tomà

Fondazione Querini Stampalia
Conciertos en un elegante palazzo del siglo xv.
- ✉ Santa Maria Formosa, Castello 5252
- ☎ 041 271 1411
- 🖰 www.querinistampalia.org
- Ⓤ San Zaccaria

Iglesia de San Vidal
Esta pequeña iglesia, entre Campo Santo Stefano y el Puente de la Accademia, celebra conciertos de piezas de Vivaldi, Marais y otros compositores a cargo de *Interpreti veneziani*.

- ✉ Vicolo-Campo di Santo Stefano. San Marco 2862/B
- ☎ 041 277 0561
- 🖰 www.interpreti veneziani.com
- Ⓤ Accademia

La Pietà (Santa Maria della Visitazione)
Aquí Vivaldi era maestro de conciertos. Hoy en día se rememora su obra y la de otros famosos compositores como Haendel.
- ✉ Riva degli Schiavoni, Castello 3702
- ☎ 041 522 2171
- 🖰 www.pieta venezia.org www.chiesavivaldi.it
- Ⓤ San Zaccaria

Orchestra Collegium Ducale
Esta orquesta veneciana interpreta un amplio repertorio de música clásica en distintos recitales.

- ✉ Riva degli Schiavoni, Castello 4209
- ☎ 041 988 155
- Ⓤ San Zaccaria

Santa Maria della Salute
Maravilloso escenario para un concierto de órgano. Escuche durante la misa del domingo, a las 11 h, la actuación de su organista o la de algún invitado.
- ✉ Campo della Salute, Dorsoduro 1
- ☎ 041 274 3928
- Ⓤ Salute

Scuola Grande di San Rocco
Es un lugar magnífico para escuchar obras barrocas y de paso admirar a los grandes músicos que componen *Interpreti Veneziani*.
- ✉ Campo San Rocco , San Polo 3054/A
- ☎ 041 523 4864
- 🖰 www.scuolagrande sanrocco.org
- Ⓤ San Tomà

Scuola Grande di San Teodoro
Conciertos de ópera y barrocos.
- ✉ Salizzada San Teodoro, San Marco 4810
- ☎ 876 912 814
- Ⓤ Rialto

Salas de cine

Arena di Campo Polo
Desde finales de julio a comienzos de septiembre esta plaza se transforma en un cine al aire libre.
- ✉ Campo San Polo, San Polo
- ☎ 041 524 1320
- Ⓤ San Silvestro

Cinema Multisala Giorgione Movie
Proyecta cine de culto y comercial. Los fines de semana hay cine infantil.
- ✉ Rio Terrà dei Franceschi, Cannaregio 4612
- ☎ 041 522 6298
- Ⓤ Ca' d'Oro

Palazzo del Cinema
Sede del Festival de Cine de Venecia, las entradas de los estrenos se agotan rápido. También hay desfiles de moda.
- ✉ Lungomre Marconi, Lido 90
- ☎ 041 521 8711
- 🌐 www.labiennale.org
- 🚣 Lido

Multisala Astra
Otra de las pocas salas de cine que hay en Venecia.
- ✉ Via Corfu 9, Lido
- ☎ 041 526 5736
- 🚣 Lido

Bares

Al Timon
Un lugar muy animado al que se puede ir a tomar vinos y comer algo. Cierra bastante tarde.
- ✉ Fondamenta degli Ormesini, Cannaregio 2754
- ☎ 041 524 6066
- 🌐 www.altimon.it
- 🚣 Guglie

Aurora
Tiene música en directo y quizá esté mejor situado que los otros; es un lugar muy animado. Además se organizan exposiciones.
- ✉ Piazzeta San Marcos 49-50
- ☎ 041 528 6405
- 🚣 Vallaresso

Bacaro Jazz
Gran bienvenida de su propietario, un cubano y excelente mezclador de cócteles. Jazz y venecianos (puede que algún gondolero) hacen una noche animada. Buena comida.
- ✉ Salizzada del Fontego dei Tedeschi, San Marco 5546
- ☎ 041 528 5249
- 🚣 Giglio

Caffè dei Frari
Famoso entre los universitarios es un buen lugar para beber algo antes de cenar en sus cercanías.
- ✉ Fondamenta dei Frari, San Polo 2564

- ☎ 041 476 7305
- 🕐 De 9 h a 17 h
- 🚣 San Tomà

Harry's Bar
La especialidad del famoso bar es el cóctel Bellini –melocotón y champán– y sus vinos son excelentes.
- ✉ Calle Vallaresso, San Marco 1323
- ☎ 041 528 5777
- 🕐 De 11 h a 23 h
- 🚣 Vallaresso (San Marco)

Misericordia
Cocina italiana en un ambiente familiar y para la zona, los precios son razonables.
- ✉ Fondamenta della Misericordia, Cannaregio 2515
- ☎ 041 839 1729
- 🕐 Jue-mar de 12 h a 22 h
- 🚣 Madonna dell'Orto

Il Caffè Rosso
Otro conocido y animado local en el agradable Campo Santa Margherita que abre hasta tarde. Popular para tomar café de día, se convierte en la atracción de la plaza por la noche.
- ✉ Campo Santa Margherita, Dorsoduro 2963
- ☎ 041 528 7998
- 🕐 De lun-sab 7 h a 1 h; dom de 10 h a 22 h
- 🚣 Ca' Rezzonico

La Cantina
Hay muchos bares en la zona de Strada Nuova pero este es el mejor sin duda. Cerveza de grifo, buenos vinos y algo para comer; un buen sitio para dejarse caer.
- ✉ Campo San Felice, Cannaregio 3689
- ☎ 041 522 8258
- 🚣 Ca' d'Oro

Margaret Duchamp
Está en una de las zonas más animadas de la ciudad, y tiene una buena y variada oferta de cervezas además de unos vinos correctos.

Música en Venecia

En Venecia siempre ha estado presente la música. Aquí se encuentran algunos de los mejores escenarios de Italia. Gracias a uno de sus ilustres, Vivaldi, se organizan algunos de los mejores conciertos de música barroca del país. La ciudad cuenta con varias orquestas fijas, entre ellas la Orchestra di Venezia; I Musici Venezia y los Concerti della Venezia Musica, dedicados a la obra de Vivaldi.

Los grupos de moda no tienen demasiada presencia en la ciudad; el escenario más próximo está en Mestre.

Para escuchar música en vivo, jazz, blues o pop, en algunos bares y restaurantes a veces se organizan veladas.

Acostarse temprano

Los venecianos, en general, son poco trasnochadores. Después de tanta actividad diurna, suelen acostarse muy temprano. La ciudad se queda en silencio casi siempre a partir de las 10 de la noche. De todas formas siempre hay algún sitio donde se puede tomar una copa. Especialmente animado según avanza la noche es el Campo Santa Margherita, en Dorsoduro.

✉ Campo Santa Margherita,
Dorsoduro 3019
☎ 041 528 6255
⌚ Todos los días
de 9 h a 2 h
⚓ San Tomà/Ca' Rezzonico

Venice Jazz Club
Su nombre no deja lugar
a la duda, es un sitio para
los que le gusta la música
jazz. Un club ideal para
una velada musical y ro-
mántica.
✉ Ponte dei Pugni,
Dorsoduro 3102
☎ 041 523 2056
🖥 www.venice
jazzclub.com

Clubes

Torino Notte
Animado bar/club, es-
pecialmente en verano,
cuando la animación se
extiende a la plaza.
✉ Campo San Lucca,
San Marco 97/B
☎ 041 522 3914
⌚ De martes a sábado
de 7.30 h a 1 h
⚓ Rialto

Casinos

Casinò Municipale
En el Canal Grande, situado
en el Palazzo Vendramin-
Calergi, el Casino ofrece
ruleta francesa, bacarrá y
blackjack, además de má-
quinas tragaperras y juegos
electrónicos. Tiene que parecer elegante: chaqueta y
corbata son obligatorias para
los hombres.
✉ Palazzo Vendramin
Calergi, Cannaregio 2040
☎ 041 529 7111
🖥 www.casinovenezia.it
⌚ De 14.45 h a 2.30 h
(máquinas tragaperras:
de 21.30 h a 2.30 h)
⚓ San Marcuola

Venice Casino Ca' Noghera
Concurrido, ostentoso y popular, este casino se inauguró en 2001 cerca de Mestre,
en tierra firme. De la misma
compañía que el Casino Mu-
nicipale, ofrece los mismos
juegos y máquinas.
✉ Ca' Noghera, Via Triestina,
Tessera 222

☎ 041 529 7111
🖥 www.casinovenezia.it
⌚ De domingo a viernes de
16 h a 3.45 h; sábado de
16 h a 4.45 h (máquinas
tragaperras: de 11 h a
4.30 h; mesas: de 15.30
h a 3.45 h
⚓ Shuttle (bus lanzadera)
cada hora desde Piazzale
Roma

Sin clubes

El ambiente de club no
existe, prácticamente,
en Venecia y aparte de
las escasas opciones
de esta página nece-
sitará dirigirse a tierra
firme –la más cercana
es Mestre– si quiere
bailar durante toda
la noche. Hay alguna
opción más en verano
en el Lido, pero la
animación se encuen-
tra en la costa, en el
centro de veraneo de
Lido di Jésolo.

Fiestas y festivales

Enero

Regata della Befana (6 de enero): La primera de las más de 100 regatas de la laguna durante el año, se celebra el día de Reyes.

Febrero

Carnevale (10 días antes de la Pascua): El carnaval es una fiesta popular en la que participan todos los venecianos y durante la cual se pueden ver varios espectáculos. La celebración oficial de esta fiesta comienza con el Volo della Colombina: una gran paloma llena de confeti se desplaza por una cuerda que va desde el Campanile hasta la Torre del Reloj y cuando llega se rompe y esparce todo el confeti. Se organizan bailes nocturnos en las plazas, donde hay puestos con vino caliente y pasteles. Termina la fiesta con un espectáculo de fuegos artificiales. El carnaval fue prohibido por los franceses en 1797 pero se recuperó con gran éxito en 1979.

Marzo

Salone Nautico: Es un festival del mar durante el cual se exponen embarcaciones. En la Stazione Marítima.

Abril

Festa di San Marco (25 de abril): La festividad del patrón de Venecia. La carrera de góndolas desde Sant'Elena a la Punta della Dogana es el día en que los varones regalan una rosa roja a las mujeres.

Mayo

Festa della Sensa (el domingo después de la Ascensión): El alcalde de Venecia recrea la ceremonia del matrimonio entre Venecia y el mar. Antiguamente el dogo era llevado a remo hasta mar abierto en la barca ceremonial para arrojar una alianza de oro en el Adriático, pero actualmente apenas se parece a la celebración original.

Vogalonga (domingo tras La Sensa): Se organiza una carrera de 32 km en la que cualquiera con algo que flote y se desplace a remo puede participar de San Marcos a Burano, ida y vuelta.

Junio

Biennale (junio hasta finales de septiembre): Exposición Internacional de Arte. Se celebra cada año impar.

Festa di San Pietro (último fin de semana de junio): En la iglesia del Castello, es una animada fiesta con música, bailes y puestos de comida.

Julio

Festa del Redentore (tercer domingo de julio): Incluye la improvisación del Ponte Votivo, un puente de barcas sobre el canal de la Giudecca, que va desde las Zattere hasta la iglesia del Redentore. Es una celebración que agradece el fin de la peste. Fuegos artificiales en la Notte dei Foghi.

Agosto/septiembre

Mostra del Cinema Venezia (finales de agosto y principios de septiembre): El gran festival de cine italiano que se celebra en el Lido, en el Palazzo del Cinema es el festival de cine más antiguo del mundo.

Regata Storica (primer domingo de septiembre): La más espectacular de las celebraciones del año en Venecia, con carreras de góndolas y una procesión de navíos y barcas por el Gran Canal con sus pasajeros vestidos con ropas antiguas.

Noviembre

Festa della Salute (21 de noviembre): Procesión sobre pontones flotantes sobre el Gran Canal, que van desde la iglesia de la Salute hasta la otra orilla; también el motivo de esta celebración es el agradecimiento por el fin de la peste.

Diciembre

Navidad: se celebran conciertos en San Marcos y en la iglesia de La Pietà.

Fiestas en las islas

En el **Ferragosto** (festividad de la Asunción), que se celebra en toda Italia el 15 de agosto, los venecianos van a la isla de Torcello a pasar ese fin de semana; allí se organizan muchas actividades y conciertos.

El 16 de septiembre se celebra la **Regata di Burano**, y el tercer domingo de septiembre Burano acoge el festival de la pesca, **Sagre del Pesce**, donde se come pescado y se bebe vino y que finaliza con la última regata de la temporada. El primer fin de semana de octubre se celebra la **Festa del Mosta** (fiesta del mosto) en la isla de Sant'Erasmo, dedicado a la vendimia, y se asegura la diversión con actuaciones, puestos de comida y, por supuesto, con degustaciones del zumo local.

Información Práctica

Información turística

Turismo de Italia
🌐 www.italia.it
Agencia Nacional de Turismo
🌐 www.enit.it

Instituto Italiano de Cultura en Madrid
✉ Calle Mayor 86
☎ 915 475 205
🌐 https://iicmadrid.
esteri.it/es/

Teléfonos útiles

Policía local
(Carabinieri) 112
Bomberos
(Vigili del Fuoco) 115
Urgencias 113
Ambulancia
(Ambulanza) 118
Ayuda en carretera
(Automóvil Club de
Italia) 116

ANTES DE PARTIR

Qué llevar
– Pasaporte/DNI.
– Visado: no es obligatorio.
– Billete de ida o de ida y vuelta: no obligatorio.
– Vacunas: no obligatorio.
– Historial médico: recomendable.
– Seguro de viaje: recomendable.
– Permiso de conducir (nacional o internacional): obligatorio.
– Certificado de seguro del coche (si es el propio): obligatorio.
– Tarjeta de identificación del coche (si es el propio): obligatorio .

Cuándo ir
Venecia es una ciudad que se puede visitar en cualquier época del año, aunque las estaciones intermedias son las mejores para viajar por el clima y también para evitar las masificaciones. Tanto en primavera como en otoño las actividades culturales y de ocio son más numerosas y el tiempo bastante agradable. En primavera, conviene llevar gabardina y ropa de abrigo, porque pueden alternarse días nublados y frescos con días soleados. En esta época comienzan las actividades culturales, hay menos turistas y resulta más fácil hacerse una idea de cómo es la vida normal de la ciudad.

Ocurre lo mismo en otoño, pero en esta estación la ciudad está más tranquila y es posible verla con calma y disfrutar del pausado ritmo de la vida de los venecianos.

Es curioso pero, a pesar del frío, y a veces de la nieve, mucha gente viaja a Venecia en invierno, no solo en Carnaval, también en Navidad, época en que la ciudad está abarrotada de gente, los cafés llenos y, si no lo se reserva con tiempo, puede resultar difícil encontrar alojamiento.

El verano en Venecia es muy caluroso, y si coincide con una ola de calor todavía más; hay mucha humedad y el calor, aun con temperaturas más suaves, puede llegar a resultar un poco pesado. Es necesario llevar ropa ligera, protegerse del sol y tratar de organizar las visitas al interior de los museos e iglesias en las horas más calurosas. De todas formas, incluso en los días de mayor temperatura el atardecer es un alivio.

▮ Moneda

La moneda oficial de Italia es el euro desde el 1 de enero de 2002.

▮ Llegada

Hay vuelos directos desde la mayoría de las grandes ciudades españolas. Los vuelos regulares aterrizan normalmente en el aeropuerto Marco Polo y algunas compañías en el de Treviso. Los trenes llegan a la estación de Santa Lucia, al oeste del Gran Canal. En las agencias de viaje se pueden consultar ofertas que incluyen vuelo y hotel; estas pueden resultar económicas, pero en general siempre es mejor buscar un hotel en Internet y consultar la web de la compañía aérea para comprar el billete. Las compañías con vuelos de bajo coste suelen ser bastante rígidas, no permiten muchos cambios. En general, las tarifas aéreas más ventajosas prevén el recorrido ida y vuelta y la mayoría de las ofertas son desde Madrid o Barcelona, aunque cada vez son más numerosas las compañías que ofrecen viajes solo de ida. Las compañías que vuelan a Venecia desde España son Iberia, Air Europa, Vueling y Alitalia.

Aeropuerto Marco Polo

El Aeropuerto Marco Polo es un aeropuerto pequeño y resulta fácil desenvolverse en él; no está muy lejos de la ciudad, a 12 km. Nada más salir, hay un mostrador al que es conveniente acudir para pedir información sobre el desplazamiento a la ciudad. Aquí, además de dar información sobre horarios y precios de autobuses y barcos, si quieres llegar a la ciudad en un taxi de agua, ellos organizan los turnos, facilitan el nombre de la persona que lleva a los viajeros e indican el camino hacia el embarcadero (el mismo sitio de donde salen los otros barcos), que está a unos diez minutos andando.

Desplazamientos al centro

El autobús para delante de la terminal y llega hasta el Piazzale Roma; autobuses ATVO (www.atvo.it) tardan 20 minutos y el ACTV 5 (www.actv.it) tarda 40 minutos. Los taxis terrestres están aparcados delante de la terminal y tardan unos 20 minutos.
Los taxis de agua, en el embarcadero que hay a unos 10 minutos andando; tardan alrededor de 30 minutos. El barco, en el mismo embarcadero que los taxis; tarda algo más de una hora (www.alilaguna.com).

Aeropuerto de Treviso

La distancia al centro es de unos 30 km. Los desplazamientos desde el Aeropuerto de Treviso se pueden realizar en bus: el Eurobus, operado por la ATVO junto con Ryanair, llega al Piazzale Roma. El billete se compra

▮ Oficinas de turismo

Central

✉ Palazetto del Selva Giardinetti Reale San Marco

☎ 041 5226356

Sucursales

✉ Aeropuerto Marco Polo (llegadas nacionales/ internacionales)

✉ Estación de Santa Lucia (Ferrocarril)

✉ Piazza San Marco 71

☎ 041 529 8711

✉ Gran Viale Santa Maria Elisabetta 6 (Lido)

☎ 041 529 8711

🖥 veneziaunica.it

Alquiler de coches

Es posible alquilar coches en las principales compañías que cuentan con sede en el Piazzale Roma y en el aeropuerto Marco Polo. Puede reservarse con antelación (en temporada alta es imprescindible) o a través de la agencia de viajes. Recuerde: no circulan coches por Venecia.

Taxis

Hay muchos puntos de taxis acuáticos, entre ellos en el aeropuerto, estación de Santa Lucia, Piazzale Roma, San Marco y El Lido. También se pueden pedir al telf. 041 522 2303; www.motoscafivenezia.it. Existe una tarifa oficial, pero conviene preguntar el precio al taxista, para saber si nos interesa pagarlo, porque son bastante caros.

en el mostrador de la ATVO del aeropuerto; se tiene que validar el billete antes de subir al autobús en las máquinas que hay en la parada. El trayecto dura 1 hora y 15 minutos. Para ir de Venecia al Aeropuerto Treviso hay que comprar el billete en el mostrador de la ATVO en el Piazzale Roma.

El tren llega a la estación de Santa Lucia; se puede ir en la línea 6 a la estación ferroviaria de Treviso; el billete se compra en la ventanilla de ACTT y desde ahí hay trenes hasta Venecia-Santa Lucia con bastante frecuencia (www.fsitaliane.it).

Hora oficial

Venecia lleva una hora de adelanto sobre el GMT en invierno y dos, desde finales de marzo a finales de octubre igual que en la España península.

Aduanas

Permitido (artículos libres de impuestos)
Vinos y licores hasta 22º, 2 litros; a partir de 22º, 1 litro. Tabaco: 200 cigarrillos, 50 puros o 250 gramos. Perfume: 60 ml. Agua de colonia: 250 ml.

Artículos para uso personal dentro de la UE
Vinos y licores hasta 22º, 20 litros; a partir de 22º, 10 litros (espumosos, 60 litros); cerveza, 90 litros. Tabaco: 800 cigarrillos, 200 puros, 1 kg. Perfume y agua de colonia sin limitación. Hay que tener más de 17 años para llevar tabaco o alcohol.

No permitido: drogas, armas de fuego, munición, armas blancas, pornografía y animales sin registrar.

Fiestas nacionales

- **1 enero**: Año Nuevo
- **6 enero**: Epifanía
- **Mar/Abr**: Lunes de Pascua
- **25 abril**: Día de la Liberación; San Marcos, santo patrono
- **1 de mayo**: Fiesta del Trabajo
- **15 de agosto**: Asunción de la Virgen
- **1 noviembre**: Todos los Santos
- **8 diciembre**: Inmaculada Concepción
- **25 diciembre**: Navidad
- **26 diciembre**: San Esteban

Horario comercial

El horario de las tiendas turísticas y supermercados puede variar, especialmente en verano. Las tiendas de alimentación suelen cerrar los miércoles por la tarde y muchas otras los lunes por la mañana (salvo en verano) o el sábado por la tarde. La mayoría cierra los domingos.

Algunas iglesias solo abren para los actos de culto. Los museos estatales suelen cerrar los lunes, pero otros como el Correr, Palazzo Ducale y Guggenheim no cierran.
- Tiendas: 9-13 h/ 16-20 h
- Oficinas: 8.30-14 h
- Bancos: 9-14 h
- Iglesias: 9-12 h / 15-18 h
- Museos/monumentos: 9-14 h / 16-20 h
- Farmacias: 9-13 h / 16-20 h

▮ Transportes públicos

Vaporetto. El vaporetto o autobús acuático forma parte del sistema público de transportes ACTV (www.actv.it). Las líneas principales funcionan cada 15 o 20 minutos durante el día. Fuera de ese horario y en particular a partir de medianoche, el servicio es más reducido, hay un servicio nocturno (N) por el Gran Canal. Los directos son más caros que los que efectúan paradas. El billete se compra en la taquilla del embarcadero (si la hay), a bordo (más caro), o en los estancos y quioscos de prensa, pero para 6 o más viajes en el mismo día merece la pena sacar el *biglieto giornaliero* (24 h); para 10 o más viajes en tres días, el *biglietto ore* (72 horas). Hay que tener en cuenta que un viaje sencillo dura una hora desde que se compra y hay que validar los billetes en la máquina antes de embarcar. Para estancias de una semana, se puede adquirir un *abbonamento* en taquilla. El vaporetto más popular entre los turistas es el número 1 porque navega en el Gran Canal. Las líneas 12 y 14 también son muy atractivas, salen desde la Fondamenta Nuove hacia las islas de Murano, Burano y Torcello.
Góndola. Es el medio de transporte más agradable de la ciudad, pero también el más caro (unos 90-120 € seis pasajeros). Los viajes suelen durar unos 40 minutos, y su precio sufre una recarga a partir de las 20 horas. Para evitar sorpresas o malentendidos con los gondoleros es preferible pactar el precio antes de subir o alquilarla a través de la agencia de viajes o del hotel. Merece la pena el viaje y, aunque el Gran Canal es maravilloso, hay demasiadp tráfico a ciertas horas y puede resultar más atractivo el recorrido por los pequeños canales laterales, que son más tranquilos.
Traghetto. Cruzan el Gran Canal por determinados puntos (señalizados en amarillo). El precio es muy razonable y se paga al subir a bordo.

▮ Conducir en Italia

Límite de velocidad en autopistas (autostrade): 130 km/h; en carreteras nacionales: 110 km/h;en secundarias: 90 km/h; en zonas urbanas: 50 km/h. Cinturón de seguridad obligatorio en todos los asientos.

▮ Precauciones

No llevar encima más dinero del necesario. Atención a los carteristas en las aglomeraciones de público.
Hay un servicio especial para turistas en la comisaría central de policía 22, Marghera (☎ 041 271 5772/ 041 271 5586)
Policía: ☎ 112 o 113.

▮ Electricidad

La corriente es de 220 voltios, aunque soporta aparatos de 240 voltios.

▮ Correos

Las estafetas de correos abren de lunes a viernes de 8 h a 14 h, algunas también los sábados por la mañana. La central de correos (*ufficio postale*) de Palazzo delle Poste, junto al puente de Rialto, abre de lunes a sábado, de 8.30 h a 18.30 h. (www.poste.it). En los estancos también se venden sellos (*francobolli*).

Embajada y consulados

La embajada de Italia y los diferentes consulados proporcionan la información administrativa necesaria para el viaje.

Embajada de Italia en España. Lagasca 98, 28006 Madrid, telf. 91 423 33 00; https://ambmadrid.esteri.it/es/.

Consulado General en Madrid. Agustín de Betancourt 3, telf. 902 050 151; https://consmadrid.esteri.it/consolato_madrid/it.

En Barcelona: Mallorca 270, telf. 902 050 151; https://consbarcellona.esteri.it/it/.

En Sevilla: Fabiola 10, telf. 95 422 85 57.

En Venecia. Consulado de España. San Polo, 2646; telf. 041 523 3254.

Azienda di Promozione Turistica. Palazzo Ziani, Castello 5050; telf. 041 529 8700; www.turismovenezia.it.

Frecuentes test de alcoholemia; nunca conduzca bajo los efectos del alcohol.

En las estaciones de servicio se vende **gasolina** sin plomo *(senza piombo),* pero no siempre se puede pagar con tarjeta de crédito. El horario de apertura es de lunes a sábados, de 7 h a 12.30 h y de 15 h a 19.30 h. En las autopistas están abiertas día y noche. En caso de avería, llamar al **Automobile Club d'Italia** al telf. 116 y dar los datos de situación y del vehículo para ser remolcado al taller más próximo del ACI. Este servicio es gratuito para vehículos extranjeros, para lo cual hay que enseñar el DNI y la documentación del coche.

Ferrocarril

Venecia está comunicada con el resto de Italia por las Ferrovie dello Stato (telf. 041 788 80 88; www.fsitaliane.it). Los trenes que circulan con frecuencia son *Eurostar, Expresso* e *Intercity;* son mucho más baratos que en España y se puede improvisar alguna visita a Padua, Treviso o Vicenza, lugares cercanos a Venecia que merece la pena visitar. Los trenes salen de la Stazione Santa Lucia o Ferrovia y se puede comprar el billete en las ventanillas, en las máquinas que hay en la estación o por internet en la página www.trenitalia.com.

Teléfono

Los teléfonos públicos funcionan solo con tarjetas *(schede telefoniche)* a la venta en las oficinas de Telecom Italia (TI), estancos, bares, quioscos de prensa, etc. Hay que retirar la pestaña de la tarjeta antes de utilizarla.

Código internacional para llamar desde Venecia a España es el **00 34** más el número de abonado. Los móviles actuales permiten llamar y recibir llamadas directamente a través de alguna compañía que opere en Italia.

Propinas

Los restaurantes (si no incluye el servicio) se cobran un 10-15 por ciento sobre el precio de las comandas, pero casi siempre va incluido el servicio en la factura. Con los cafés/bares se deja con la vuelta.

Los guías turísticos suelen cobrar 1 €. Los taxis acuáticos aceptan y esperan propina, pero normalmente el servicio ya va incluido en el precio. En algunos cafés, cada vez menos, también hay que pagar en los aseos.

Sanidad

Seguros. Los ciudadanos de la UE reciben asistencia médica gratuita en Italia presentando la tarjeta Sanitaria Europea (TSE). En otro caso, se recomienda contratar algún seguro privado.

Asistencia dental. Ir al dentista sale caro, aunque debería cubrirlo el seguro médico. En las páginas amarillas figura la lista de dentistas.

Precaución con el sol. En verano es aconsejable utilizar gorra y una buena crema de protección solar.

Medicamentos. Se adquieren en las farmacias, reconocibles por la cruz verde.

Agua potable. El agua del grifo es potable salvo que diga expresamente *acqua non potabile*.

❙ Descuentos

Estudiantes. Con el Carné Internacional de Estudiante se consiguen descuentos en medios de transporte y visitas. Hay varios albergues repartidos por la ciudad, como el **Ostello Santa Fosca,** Fondamenta Canal Cannaregio 2372, telf. 041 715 775, www.ostellosantafosca.it.

Mayores. Venecia es un destino popular entre las personas mayores, aunque hay que andar mucho debido a las limitaciones de los transportes. Más información en agencias de viaje especializadas. Los ciudadanos de la UE mayores de 65 tienen descuento en museos.

Tarjetas

Venecia Unica City Pass. Permite acceder con una sola tarjeta a los medios de transporte público, a la oferta cultural y turística de la ciudad y a otros muchos servicios tales como la conexión wifi. Se puede comprar online en www.veneziaunica.it y personalizarla adquiriendo ahí mismo los servicios que necesitas. La tarjeta ofrece descuentos a estudiantes, mayores de 65 años y grupos.

❙ Direcciones útiles

El **Centro Turistico Studentesco** (CTS) tiene numerosas agencias por todo el territorio italiano. Funciona, entre otras cosas, como una agencia de viajes para jóvenes, y tiene muchas ofertas en vuelos, alojamientos y excursiones.

❚ Idioma

A continuación se facilita un vocabulario elemental con las palabras y expresiones más utilizadas en italiano.

Alojamiento

hotel	albergo	retrete	toilette
habitación ind./doble	camera singola/doppia	baño	bagno
...una/dos noches	per una/due notte/i	ducha	doccia
...una/dos personas	...per una/ due persona/e	balcón	balcone
		recepción	reception
reserva	prenotazione	llave	chiave
precio	tariffa	servicio	servizio da camera
desayuno	prima colazione	camarera	cameriera

Dinero

banco	banco	billete	banconota
oficina de cambio	cambio	moneda	moneta
correos	posta	tarjeta de crédito	carta di credito
cajero	cassiere/a	traveller's cheque	assegno turistico
cambio de moneda	cambio con l'estero divisa valuta estera	chequera	libretto degli assegni
		valor de cambio	tasso di cambio
Libra esterlina	sterlina	comisión	commissione
Dólar USA	dollaro		

Comer

restaurante	ristorante	menú del día	menù turistico
primero	il primo	bebida	bevanda
café	caffè	carta de vinos	lista dei vini
segundo	il secondo	camarero	cameriere
mesa	tavolo	comida	pranzo/colazione
plato del día	piatto del giorno	camarera	cameriera
menú	menù/carta	cena	cena
postre	dolci	la cuenta	conto

Transporte

avión	aeroplano	...sencillo/vuelta	...andata sola/ andata e ritorno
aeropuerto	aeroporto		
tren	treno	...primera/segunda clase	...prima/seconda classe
...estación	...stazione ferroviaria	taquilla	biglietteria
autobús	autobus	horario	orario
...estación	...autostazione	asiento	posto
billete	biglietto	prohibido fumar	vietato fumaro
transbordador	traghetto	reservado	prenotato

Varios

sí	sì	¡socorro!	aiuto!
no	no	hoy	oggi
por favor	per favore	mañana	domani
gracias	grazie	ayer	ieri
hola	ciao	¿cuanto?	quanto?
adiós	arrivederci	caro	caro
buenas noches	buona notte	abierto	aperto
perdón	mi dispiace	cerrado	chiuso

Palabras venecianas

casa, palacio	Ca'	callejón entre dos calles	ramo
calle estrecha, callejón	calle	canal pequeño	rio

plaza	campo	canal cubierto	rio terrà
calle a la orilla de un canal	fondamenta	fondamenta ancha	riva
calle rodeada de tiendas	ruga	distrito	sestiere
estanque cubierto formando una plaza	piscina	soportal	sottoportego
		góndola que cruza	
calle principal	salizzada	el Gran Canal	traghetto
barca de fondo plano	sandolo	autobús acuático	vaporetto

Varios

buenos días	buon giorno	no entiendo	non capisco
buenas tades	buena sera	¿habla español?	parla spagnolo?
disculpe	mi scusi	está bien	va' bene
está bien	va' bene	¿dónde está?	dov'è?
de nada	prego		

Comer

cordero	agnello	trucha	trota
naranja	arancia	ternera	vitello
mantequilla	burro	berenjena	melanzana
queso	formaggio	dorada	orata
fresas	fragole	lubina	branzino
carne de buey	manzo	rodaballo	rombo
manzana	mele	almejas	vongole
aceite	olio	mejillones	cozze
pimientos	peperoni	ajo	aglio
sardinas	sarde	albóndigas	polpette

Días de la semana

lunes	lunedi	viernes	venerdi
martes	martedi	sábado	sabato
miércoles	mercoledi	domingo	domenica
jueves	giovedi		

Números

uno	uno	seis	sei
dos	due	siete	sette
tres	tre	ocho	otto
cuatro	quattro	nueve	nove
cinco	cinque	diez	dieci

Términos venecianos de interés

Biso: guisante

Bricola: grupo de palos que delimitan los canales navegables de la laguna.

Cale, caleta: nombre típico veneciano para indicar el camino, la calle

Campo, campiello: plazas o placitas

Canocia: galera, cigarra de mar

Corte: patio

Fondamenta: calle construida a un lado el canal

Galan: pastel de Carnaval con forma de cinta, hecho con harina y huevos, frito en aceite y espolvoreado con azúcar

Palina: palo para el amarre de una barca

Peocio: mejillón

Peoci saltai: mejillones hechos en la sartén

Ramo: calle cerrada o que conduce a un patio

Rio: canal menor. Rio terà: calle hecha enterrando un canal.

Schia: langostino gris de laguna.

Sottoportego: soportal

Vera da posso: nombre típico veneciano del banco de piedra de un pozo.

Índice de lugares

PLANOS Y MAPAS